Anglistische Arbeitshefte 20

Herausgegeben von Wolf-Dietrich Bald, Herbert E. Brekle und Wolfgang Kühlwein

D1731417

Udo Fries

Einführung in die Sprache Chaucers

Phonologie, Metrik und Morphologie

Max Niemeyer Verlag
Tübingen 1985

CIP-Kurztitelaufnahme der Deutschen Bibliothek

Fries, Udo:
Einführung in die Sprache Chaucers : Phonologie, Metrik u. Morphologie /
Udo Fries. - Tübingen : Niemeyer, 1985.
  (Anglistische Arbeitshefte ; 20)
NE: GT

ISBN 3-484-40107-9   ISSN 0344-6689

© Max Niemeyer Verlag Tübingen 1985
  Alle Rechte vorbehalten. Ohne Genehmigung des Verlages ist es auch nicht
gestattet, dies Buch oder Teile daraus photomechanisch zu vervielfältigen.
Printed in Germany

INHALTSVERZEICHNIS

Die vorliegende Einführung behandelt jene Aspekte des Mittelenglischen, die
dem Studierenden bei seiner ersten Beschäftigung mit der Sprache Chaucers
erfahrungsgemäss die grössten Schwierigkeiten bereiten. Diese beginnen
beim richtigen Lesen der Texte: das Kapitel Phonologie und Graphemik soll
hier ebenso Hilfe leisten wie das Metrikkapitel. Zunächst handelt es sich
um die korrekte Zuordnung der Grapheme zu den entsprechenden Phonemen in
den Texten Chaucers, die erst eine richtige Aussprache ermöglicht, danach
wird der Tatsache Rechnung getragen, dass die meisten Werke Chaucers in
gebundener Form vorliegen, was eine Kenntnis der Metrik für ein auch nur
halbwegs adäquates Lesen voraussetzt.

Die nächste Schwierigkeit liegt meistens beim richtigen Erkennen der
Formen der Sprache Chaucers: dementsprechend folgt als drittes Kapitel
die Morphologie. Weitere ursprünglich vorgesehene Kapitel über Wortschatz,
Syntax und Stil konnten aus Platzgründen nicht aufgenommen werden. Dies
ist zwar bedauerlich, doch für eine Einführung vertretbar, zumal in den
letzten Jahren eine Reihe von leicht zugänglichen Spezialuntersuchungen
erschienen ist - Kerkhof (1982) für die Syntax, Burnley (1983) für Wortschatz und Stilistik. Zudem ist in der vorliegenden Arbeit das Metrikkapitel so weit gefasst, dass es auch eine Menge Angaben aus Syntax und
Stilistik enthält.

Auf die Aufnahme von längeren Textstellen aus Chaucers Werken wurde
verzichtet, da die Anschaffung einer ordentlichen Ausgabe der Werke des
Dichters heute kein Problem mehr darstellt, sondern als Selbstverständ-
lichkeit gelten kann. Ebenso wurden literaturwissenschaftliche Fragen
in diesem Heft nicht behandelt. Die Anzahl der einschlägigen Publikationen
ist Legion: neben Aufsätzen und Büchern liegt aus den vergangenen Jahren
auch eine Anzahl von Sammelbänden vor, die den Einstieg in dieses in-
teressante Gebiet erleichtern mögen - zuletzt etwa Erzgräber (1983).
Die grosse Zahl von Publikationen bezeugt das unverminderte Interesse
am Werk Chaucers. Die Sprachwissenschaft ihrerseits hat bei der

Beschäftigung mit Chaucer ebenfalls noch viele ungelöste Probleme, die es
in den nächsten Jahren zu bearbeiten gilt. Einen knappen Ueberblick dazu
gibt Görlach (1978).

Neben einer Einführung möchte das vorliegende Heft aber auch die
Verbindung zur wissenschaftlichen Forschung herstellen. Zu diesem Zweck
sind jedem Abschnitt weiterführende Literaturangaben (L:) beigegeben,
die vom Anfänger übergangen werden können, deren Berücksichtigung aber
bei einer eingehenderen Beschäftigung mit der Sprache Chaucers uner-
lässlich ist. Eine Durcharbeitung der Literaturangaben ist etwa auf
Seminarebene vorzunehmen. So könnte dieses Heft den Studenten durch mehr
als ein Semester oder durch mehr als bloss eine Lehrveranstaltung be-
gleiten.

Wie es in der vorliegenden Reihe schliesslich üblich ist, sind im Band
auch Uebungsaufgaben (A:) enthalten, die der Ueberprüfung der erworbenen
Kenntnisse dienen können. Soweit erforderlich werden im Anhang Lösungs-
vorschläge angeboten.

Das Heft hat eine komplizierte Entstehungsgeschichte: eine erste
Fassung wurde bereits 1975/76 in Innsbruck erstellt und 1977/78 in
Zürich überarbeitet. Dann blieb das Manuskript aus verschiedenen Gründen
unabgeschlossen liegen. Für die nunmehrige Veröffentlichung wurde es
erneut durchgesehen und die Literaturangaben wurden auf den heutigen
Stand gebracht. Einer Reihe von Kollegen bin ich für wertvolle Hinweise
zu grossem Dank verpflichtet: neben den Herausgebern der Reihe,
Wolf-Dietrich Bald und Wolfgang Kühlwein, haben Gero Bauer, Leonhard
Lipka und Herbert Schendl eine frühe Fassung des Manuskripts gelesen;
Klaus Dietz und Jacek Fisiak haben die letzte Version mit mir besprochen.
Sie alle sind für die verbleibenden Versehen nicht zur Verantwortung zu
ziehen. Das erste Manuskript tippte Frau Marialuise Lener (Innsbruck),
um alle späteren Versionen und den hier vorliegenden Text machte sich
Frau Sylvia Halter (Zürich) verdient. Viel Zeit und Mühe haben schliess-
lich Evelyn Reichel, Silvia Kübler und Andreas Jucker, Assistenten am
Englischen Seminar der Universität Zürich, bei der Korrektur des
Manuskripts und der Beschaffung der einschlägigen Literatur aufgewendet.
Ihnen allen gilt mein besonderer Dank, in den ich neben die Herausgeber
auch die Mitarbeiter des Verlages einschliessen möchte.

Die Herstellung des Manuskripts in Zürich erklärt die Verwendung der
in der Schweiz gültigen Rechtschreibung - durchwegs Doppel-s Schreibung,
sowie das Fehlen von grossen Umlauten. Verschiedene Sonderzeichen waren

weder auf den zur Benützung vorgeschriebenen Kugelköpfen noch beim Verlag erhältlich. Wir haben uns so gut wir konnten beholfen und der Benützer wird um Nachsicht gebeten.

Zürich   11. Februar 1985

ABKUERZUNGSVERZEICHNIS

Ae.	Altenglisch	Ne.	Neuenglisch
Afrz.	Altfranzösisch	Nhd.	Neuhochdeutsch
Angl.	Anglisch	Nom.	Nominativ
Anord.	Altnordisch	Obl.	Obliquus
Dt.	Deutsch	P.	Person
F.	Feminin	Part.	Partizip
Fne.	Frühneuenglisch	Pl.	Plural
Frz.	Französisch	Präs.	Präsens
Gen.	Genitiv	Prät.	Präteritum
Ind.	Indikativ	RP.	Received Pronunciation
Inf.	Infinitiv	Sg.	Singular
Konj.	Konjunktiv	Spme.	Spätmittelenglisch
M.	Maskulin	sth.	stimmhaft
Me.	Mittelenglisch	stl.	stimmlos
N.	Neutrum	v.	verb

Stellen aus den Werken Chaucers werden nach der Ausgabe von Robinson (Rob.) (1957) zitiert. Angaben, die nur aus einer römischen und arabischen Ziffer bestehen (z.B. II 125), beziehen sich auf den entsprechenden Teil der Canterbury Tales (CT).

Die einzelnen Siglen bedeuten:

AA	Anelida and Arcite
ABC	An ABC
Adam	Chaucers Wordes unto Adam, His Owne Scriveyn
BD	The Book of the Duchess
Bo	Boece
CL	A Complaint to his Lady
CM	The Complaint of Mars
CT	The Canterbury Tales
CV	The Complaint of Venus
HF	The House of Fame
LGW	The Legend of Good Women
PF	The Parliament of Fowls
RR	The Romaunt of the Rose
TC	Troilus and Criseyde

Uebernahmen aus der Chaucer-Konkordanz von Tatlock/Kennedy (1927) sind mit T/K gekennzeichnet.

Für phonetische und phonologische Angaben werden die allgemein üblichen Symbole verwendet. Vgl. dazu z.B. Gimson (1980).

Zum Verständnis der folgenden Kapitel bedarf es einiger grundlegender
Kenntnisse aus der Phonetik, Phonologie und Morphologie, wie sie etwa
in einführenden Proseminaren geboten werden. Darüber hinausgehende
Kenntnisse, etwa die der generativen Phonologie, sind jedoch für diese
Einführung nicht erforderlich: auf diese Weise soll das Buch bereits
zu einem frühen Zeitpunkt des Studiums benützt werden können.

Im Rahmen des in einer Einführung Möglichen wurde in den einzelnen
Abschnitten zwar Vollständigkeit angestrebt, doch liess es sich nicht
vermeiden, dass einzelne, weniger wichtige oder nur selten vorkommende
Erscheinungen, unberücksichtigt bleiben mussten. Diese wären nur in
einer umfangreicheren Chaucer-Grammatik unterzubringen gewesen.

Bei den aufgezeigten Verbindungen zum Neuenglischen musste generell
auf eine Berücksichtigung der Dialekte verzichtet werden, obwohl diese
oft besseren Aufschluss über die phonetischen Realisationen von Formen
in der Sprache Chaucers geben.

Um den einführenden Charakter zu wahren, wurden schliesslich die
Chaucertexte - mit wenigen Ausnahmen - nur nach der Ausgabe von Robinson
(1957) zitiert. Dem Studenten der Sprache Chaucers muss jedoch bewusst
bleiben, dass die Werke Chaucers in verschiedenen Handschriften - unterschiedlicher Qualität - vorliegen. Diese Handschriften liegen heute in
zunehmendem Masse auch in neuen Editionen vor, über die man sich am
besten in der jeweiligen Seminarbibliothek orientiert.

Abweichend von der üblichen Zitierweise wurde in den Literaturangaben bei einigen älteren, aber wichtigen Werken konsequent das ursprüngliche Erscheinungsjahr neben das Jahr des Neudrucks gesetzt
(z.B. Luick 1914-40; 1964). Es sollte damit für den Anfänger die
richtige Zuordnung innerhalb der Wissenschaftsgeschichte erleichtert
werden.

1.1   V o k a l e

In der Sprache Chaucers werden traditionellerweise 5 kurze, 7 lange und
mindestens 6 diphthongische Vokalphoneme unterschieden. Während die langen
Vokalphoneme nur in betonten Silben vorkommen, finden sich die kurzen
Vokalphoneme auch in den unbetonten Silben oder in schwach betonten Wörtern.
Die Diphthonge sind im Abschnitt 1.1.3, die besonderen Verhältnisse in den
unbetonten Silben im Abschnitt 1.1.4 zusammengestellt.

1.1.1   Die kurzen Vokale

1.1.1.1 Phoneme

In der Sprache Chaucers finden sich die folgenden kurzen Vokalphoneme:

(1)   /i/   /u/

              /e/   /o/

                      /a/

Während die Paare /i/, /u/ und /e/, /o/ in der Darstellung des Mittel-
englischen keine grösseren Probleme aufwerfen, sind bei der Interpretation
des Phonems /a/ und dessen phonetischer Realisation die Meinungen geteilt.
Der klassischen Annahme, dass es sich, wie in (1) angeführt, um ein
Phonem /a/ handelt, steht eine jüngere Ansicht gegenüber, die von einem
Phonem /æ/ spricht.

L:1. Die Annahme eines /a/ findet sich schon bei Luick (1914-40; 1964:
     § 363), Jordan (1925; 1968: § 32), weiters in Mossé (1952; 1968:
     § 24), Berndt (1960: 32), Hockett (1958: § 43.4), Schlauch (1959;
     1973: 11), Dürmüller/Utz (1974: 20), Dobson (1957: § 59), Brunner
     (1960: 253). Für ein seit dem Ae. gleich gebliebenes Phonem /æ/
     tritt Fisiak (1965: 30) ein, der Stockwell (1959) und Reszkiewicz
     (1961) zitiert. Nach dieser Annahme hätten sich somit alle drei
     kurzen ae. vorderzungigen Vokalphoneme bis ins Ne. erhalten:
     /I/, /e/, /æ/. Die konsequente spme. Schreibung des Phonems mit
     < a > wird durch die kontinentale Schreibtradition, der das Zeichen
     < ae > fehlte, zu erklären versucht. Vgl. auch Fisiak (1968: 33).
     Zur phonetischen Realisation des Phonems /a/ schwanken die Angaben

zwischen palatalem [a] und velarem [ɑ]. Eine ausführliche Darstellung gibt Lass (1976: 105-128).

2. Wegen ihrer phonetischen Qualität werden die Phoneme /e/ und /o/ auch als /ɛ/ und /ɔ/ dargestellt, z.B. Gimson (1970:80), Dürmüller/Utz (1974:30). Vgl. dagegen Prins (1972: 3.5, 3.10 und 3.59 ff.).

1.1.1.2 Grapheme

Den fünf kurzen Vokalphonemen entsprechen die folgenden Grapheme, die das Lesen eines Chaucertextes Sprechern des Nhd. besonders erleichtern:

(2) /i/ : < i > *in, this, which, his, thing*
    /u/ : < u > *ful, but, up, bush, under*
    /e/ : < e > *elf, best, bed, helle, wel*
    /o/ : < o > *of, ofte, on, for, song*
    /a/ : < a > *that, man, flat, cat, arm*

Zusätzlich zu diesen einfachen Entsprechungen werden die Phoneme /i/ und /u/ jedoch noch durch folgende Grapheme wiedergegeben:

(3) /i/ : < y > *kyng, thyng, hymself, bigynne*
    /u/ : < o >[1]*sonne, some, comen, love, womman*

1.1.1.3 Vergleich mit dem Neuenglischen

Wie aus den Beispielen in (2) und (3) leicht zu ersehen ist, sind in vielen Fällen die ne. Entsprechungen der me. kurzen Vokalphoneme die in der folgenden Uebersicht angeführten:

(4)	Me.(Chaucer)	Ne.
	/i/	/ɪ/
	/u/	/ʊ/, /ʌ/[2]
	/e/	/e/
	/o/	/ɒ/
	/a/	/æ/, /ɒ/[3]

Ein auf den Vokal in derselben Silbe folgendes /r/ hat die Entwicklung derart beeinflusst, dass nicht mit den in (4) skizzierten, sondern mit den folgenden Entsprechungen zu rechnen ist:

---

1 Die Schreibung < o >, die auf anglonormannische Schreibgewohnheit zurückgeht, wurde vor allem zur leichteren Lesbarkeit in der Umgebung von < n,m,v,w > verwendet, die zunächst alle durch einfache senkrechte Striche realisiert wurden.

2 Die häufigere Entsprechung ist ne. /ʌ/; /ʊ/ findet sich vor allem in Umgebung von Labialen, /l/ und /ʃ/: *full, pull, push, bush...*

3 Die normale Entsprechung ist /æ/; /ɒ/ findet sich in einigen Wörtern vor allem nach /w/: *want, what, was...*
Zu Sonderentwicklungen vgl. auch (5) und (7).

(5)	Me.(Chaucer)	Ne.	Me.(Chaucer)
	/ar/	/ɑ:/	*far,arm,harm,hard,sharp*
	/or/	/ɔ:/	*for,born,short,hors,horn*
	/er/[4]		*service,vers*
	/ir/ }	/ɜ:/	*fir,first,skirt,hir*
	/ur/		*cursen,world,worthy*

In den in (5) angeführten Wörtern fehlt im Ne. das Phonem /r/. Intervokalisch bleibt /r/ jedoch erhalten, es gelten deshalb auch die oben unter (4) angeführten Entsprechungen:

(6)	/I/	*spirit*
	/ʌ/	*hurry*
	/e/	*very*
	/ɒ/	*sorry*
	/ae/	*carry*

Ein in derselben Silbe folgendes /l/ hat ebenfalls eine andere Entwicklung einiger kurzer Vokalphoneme bewirkt:

(7)	Me.(Chaucer)	Ne.	
	/al/	/ɑ:/	*half,calf*
		/ɔ: (1)/	*all,hall,wall,chalk,talk,walk*
	/ol/	/əʊ: (1)/	*bolt,colt,toll,folk*

Vor stimmlosen Spiranten kommt es im Ne. in der Regel zu einer Dehnung, wodurch sich die in (8) aufgeführten Entsprechungen ergeben:

(8)	Me.(Chaucer)	Ne.	
	/a/	/ɑ:/	*glass,ask,path,after*

A 1: Stellen Sie aufgrund des Vergleichs mit dem Ne. fest, bei welchen der folgenden aus Chaucertexten entnommenen Wörter kurze Vokalphoneme vorliegen:

Me. (Chaucer)	Ne.		Me. (Chaucer)	Ne.		Me. (Chaucer)	Ne.
bak	– back		*clere*	– clear		*mark*	– mark
baken	– bake		*don*	– do		*purpre*	– purple
belle	– bell		*fallen*	– fall		*serven*	– serve
bliss	– bliss		*fressh*	– fresh		*sighte*	– sight
box	– box		*fyn*	– fine		*tale*	– tale
bulle	– bull		*hunte*	– hunter		*wydwe*	– widow
child	– child		*konning*	– cunning		*wo*	– woe

---

4 In anderen Wörtern, die bei Chaucer noch /er/ aufweisen, erscheint spme./ar/: Chaucer *fer* - ne. *far*, *herte* - ne. *heart*, *derke* - ne. *dark*, *sterre* - ne. *star*,...

A 2: In welchen Wörtern des folgenden Textstücks können Sie durch Vergleich
mit dem Ne. auf kurze Vokale schliessen?

> This lettre forth was sent unto Criseyde,
> Of which hire answere in effect was this:
> Ful pitously she wroot ayeyn, and seyde,
> That also sone as that she myghte, ywys,
> She wolde come, and mende al that was mys.
> And fynaly she wroot and seyde hym thenne.
> She wolde come, ye, but she nyste whenne.
>
> TC V, 1422-1428

L: Zur Entwicklung der kurzen Vokalphoneme im Ne. vgl. Luick (1914-40;
1964: § 430, 563, 505, 528 ff.), Horn/Lehnert (1954: § 61-100),
Dobson (1957: 58-97), Ekwall (1965: 22 ff.), Brunner (1960: 309 ff.),
Pinsker (1969: § 53 ff.), Prins (1972: 143 ff.), Erdmann (1971:
50-59), Dürmüller/Utz (1974: 26 ff.).

1.1.2   Die langen Vokale

1.1.2.1 Phoneme

In der Sprache Chaucers finden sich die folgenden langen Vokalphoneme:

(9) $/\bar{i}/$ $/\bar{u}/$

$/\bar{e}/$ $/\bar{o}/$

$/\bar{\epsilon}/$ $/\bar{\mathupsilon}/$

$/\bar{a}/$

Die Phoneme der Paare $/\bar{e}/$ - $/\bar{\epsilon}/$ sowie $/\bar{o}/$ - $/\bar{\mathupsilon}/$ werden zwar in der
Schreibung nicht auseinandergehalten, sind jedoch, wie ihre Verwendung in
Reimwörtern zeigt, als verschiedene Phoneme voneinander geschieden. Als
generelle Regel kann daher gelten, dass bei Chaucer Wörter mit $/\bar{e}/$ nicht
auf Wörter mit $/\bar{\epsilon}/$ reimen; ebenso reimen Wörter mit $/\bar{o}/$ nicht auf Wörter
mit $/\bar{\mathupsilon}/$. Vgl. dazu die genaueren Angaben in Kapitel 2.4.1.2.

(10)   Reime: $/\bar{e}/$ - $/\bar{e}/$ *sweete - meete, queene - greene*

$/\bar{\epsilon}/$ - $/\bar{\epsilon}/$ *rede - hede, beed - deed*

$/\bar{o}/$ - $/\bar{o}/$ *brother - oother*

$/\bar{\mathupsilon}/$ - $/\bar{\mathupsilon}/$ *boold - oold, hond - bond*

L: Die Phoneme $/\bar{e}/$, $/\bar{\epsilon}/$, $/\bar{o}/$ und $/\bar{\mathupsilon}/$ sind durch eine grosse Zahl mini-
maler Wortpaare belegt. Man vgl. etwa *feet - feet* (ne.*feet - feat*),
leef - leef (ne. *lief - leaf*), *dool - dool* (ne. *"grief" - "portion"*),
mone - mone (ne. *moon - moan*). Ueber die Entstehung und das System
der me. langen Vokalphoneme vgl. Luick (1914-40; 1964: § 361 ff.),
Jordan (1925; 1968: 47 ff.), Mossé (1952: 16 ff.), Berndt (1960:
36 ff.), Chomsky/Halle (1968: 252 ff.), Fisiak (1968: 24-42),
Plotkin (1972: 56 ff.), Prins (1972: 80 ff.).

1.1.2.2 Grapheme

Mit Ausnahme des Phonems /ū/ können die langen Vokalphoneme durch die
gleichen Grapheme wie die kurzen Vokale wiedergegeben sein:

> (11) /ī/ < i >   *lif, risen, riden, whit*
>   (Ne. *life, rise, ride, white*)
>
>   < y >   *lyf, hyde, knyfe, wyf*
>   (Ne. *life, hide, knife, wife*)
>
>   /ē/ < e >   *crepen, depe, grene, thre*
>   (Ne. *creep, deep, green, three*)
>
>   /ɛ̄/ < e >   *mele, techen, mete, drem*
>   (Ne. *meal, teach, meat, dream*)
>
>   /ō/ < o >   *fode, fole, mone, pole*
>   (Ne. *food, fool, moon, pool*)
>
>   /ɔ̄/ < o >   *olde, wo, grove, lode, nose*
>   (Ne. *old, woe, grove, load, nose*)
>
>   /ā/ < a >   *taken, maken, lady, pale, name*
>   (Ne. *take, make, lady, pale, name*)

Weiters werden die langen Vokale mit Ausnahme von /ī/ und /ū/ durch Doppelsetzung der Grapheme wiedergegeben:

> (12) /ē/ < ee >[5] *feeld, freend, been, queene*
>   (Ne. *field, friend, been, queen*)
>
>   /ɛ̄/ < ee > *yeer, heete, leef, seete*
>   (Ne. *year, heat, leaf, seat*)
>
>   /ō/ < oo > *foot, look, good, stood,*
>   (Ne. *foot, look, good, stood*)
>
>   /ɔ̄/ < oo > *goon, stoon, hoom, boot*
>   (Ne. *go, stone, home, boat*)
>
>   /ā/ < aa > *maad, taak, debaat, caas*
>   (Ne. *made, take, debate, case*)

Dem Phonem /ū/ entsprechen die beiden folgenden Schreibungen:[6]

> (13) /ū/ < ou > *counten, doute, mous, poudre, spouse*
>   (Ne. *count, doubt, mouse, powder, spouse*)
>
>   < ow > *fowel, how, cow, now*
>   (Ne. *fowl, how, cow, now*)

---

5   Während die Grapheme < ee > und < oo > verhältnismässig häufig ver-
    wendet werden, findet sich < aa > relativ selten. In einigen aus dem
    Frz. entlehnten Wörtern findet sich auch die Schreibung < ie > für
    /ē/. Bei Chaucer z.B. *chief, chiere, fieble, hierde, lief* neben
    cheef, cheere, feble, herde, leef.

6   In nördlichen Dialektformen findet sich gelegentlich auch < o > vor
    < -gh(t) >. - Das Graphem < u > wird nicht für die Wiedergabe von
    /ū/ verwendet.

1.1.2.3 Vergleich mit dem Neuenglischen

In vielen Fällen sind die ne. Entsprechungen der me. langen Vokalphoneme die in der folgenden Uebersicht angeführten:

(14)	Me. (Chaucer)	Ne.	
	/ī/	/aɪ/	find
	/ū/	/aʊ/, /u:/[7]	house, droop
	/ē/	/i:/	geese
	/ɛ̄/	/i:/	teach
	/ō/	/u:/	goose
	/ɔ̄/	/əʊ/[8]	soap
	/ā/	/eɪ/	game

Der Tabelle (14) können Sie entnehmen, dass die me. Phoneme /ē/ und /ɛ̄/ im Ne. unter /i:/ zusammengefallen sind. Me. /ō/ und /ɔ̄/ sind jedoch auch noch im Ne. unterschieden.

Vor /r/ ergeben sich im Ne. zum Teil andere Entsprechungen als in (14) angegeben:

(15)	Me. (Chaucer)	Ne.	
	/ēr/	/ɪə/	clear, hear, peer
	/ɛ̄r/[9]	/ɪə/	spear, gear, tear (dt. *Träne*)
		/eə/	bear, swear, tear (dt. *reissen*)
	/ōr/	/ɔ:/	board, door, ford
	/ɔ̄r/	/ɔ:/	boar, more, lore
	/ūr/[10]	/ɔ:/	court, mourn, course
	/ār/	/eə/	stare, care, bare

In einsilbigen Wörtern, von denen viele auf Dental oder /k/ ausgehen, konnte es im Ne. zu einer Kürzung kommen, die u.a. die folgenden Entsprechungen ergibt:

---

7 Die übliche Entsprechung ist ne. /aʊ/. /u:/ findet sich nur in besonderer Umgebung: z.B. nach /w/ oder vor Labialen: *swoon, woo, stoop, tomb, wounde* (ne. *wound*, Substantiv und Verb Inf.).

8 In einigen Wörtern entspricht einem /ɔ̄/ bei Chaucer ein /æ/ im heutigen Englisch. In diesen Fällen geht die ne. Form nicht auf die von Chaucer verwendete Form zurück. Es handelt sich um die Wörter mit /ɔ̄/ vor /-nd/, wie bei Chaucer *lond, hond, stonden, stronde*, die ne. *land, hand, stand* und *strand* lauten. In manchen Chaucer-MSS finden sich auch Schreibungen mit < a > (für /a/), die jedoch nicht die Aussprache Chaucers, sondern die späterer Schreiber wiedergeben.

9 /ɛ̄/ vor der Folge /r/ + Konsonant wurde jedoch meist gekürzt und teilte die Entwicklung von me. /er/ (vgl.(5)): *learn, earth, search*.

10 Diese Entsprechung gilt nur vor /r/ + Konsonant. Vor /r/ im Auslaut gilt /aʊə/: me. (Chaucer) *flour* entspricht ne. *flower* und *flour*.

(16)   Me. (Chaucer)   Ne.

/ɛ̄/   /e/   head, red, dead, breath
/ō/   { /ʌ/   blood, flood, done,
              { /ʊ/   good, stood, look, took, book
/ɔ̄/   /ɒ/   gone, shone

Neben der ne. Aussprache kann Ihnen auch die ne. Schreibung Hinweise auf
die me. Lautung bieten: nach fne. Schreibkonvention werden die me. langen
e- und o-Phoneme wie folgt wiedergegeben:

(17)   Me. (Chaucer)   Ne.

/ē/   meten   < ee > meet
/ɛ̄/   mete   < ea > meat
/ō/   bote   < oo > boot
/ɔ̄/   boot   < oa > boat

Diese Aufteilung kann als Anhalt dienen, die Regelung ist jedoch nicht mit
voller Konsequenz durchgeführt.

Mit dem Schwund des auslautenden <-e > konnte dieses als Längezeichen
verwendet werden. Im besonderen weisen Wörter mit me. /ā/ und /ɔ̄/ in der
Stammsilbe ein derartiges < -e > auf. Die Erscheinung gibt es bereits in
der Sprache Chaucers, vgl. dazu unten 1.1.4.2.

(18)   Me. (Chaucer)   Ne.

/ā/   /eɪ/   < a - e >   make,name,place,tale
/ɔ̄/   /əʊ/   < o - e >   stone,bone,rope,pope

A 3: Stellen Sie fest, in welchen der folgenden me. Wörter /ō/, /ɔ̄/, /o/,
/u/ oder /ū/ vorliegt; alle angegebenen Wörter finden sich noch im Ne.

worthy	nose	ounce	porche	fode
tonge	goute	nonnerye	ooth	houre
doun	boon	goon	nombre	softe
corage	boterflye	bothe	foul	sotil
cloke	wode	wo	bord	shoo
love	toun	fool	box	roost
shoppe	cow	hous	tombe	pool
rote	sour	looth	doute	note
out	roum	roof	cosin	fors

A 4: Stellen Sie im folgenden Textstück durch Vergleich mit dem Ne. alle
langen und kurzen Vokalphoneme fest.

Thus seyden sadde folk in that citee,
Whan that the peple gazed up and doun;
For they were glad, right for the noveltee,
To han a newe lady of hir toun.
Namoore of this make I now mencioun,
But to Grisilde agayn wol I me dresse,
And telle hir constance and hir bisynesse.

                                    CT IV, 1002-1008

A 5: Wie können Sie im Ne. an der Schreibung erkennen, ob ein < a > in einem Wort mit /æ/ oder /eI/ auszusprechen ist? Können Sie davon eine Regel für die Verteilung von me. /a/ und /ā/ ablesen?

L:1. Die grossen Veränderungen der langen Vokalphoneme im Ne. beruhen zum grössten Teil auf der sog. grossen oder fne. Vokalverschiebung *("Great Vowel Shift")*. Bei dieser "Verschiebung", die sämtliche me. Langvokale erfasst hat, haben sich die langen Vokalphoneme zu einer jeweils geschlosseneren Qualität entwickelt, /ī/ und /ū/ wurden zu Diphthongen:

$$/\bar{a}/ \; > \; /\bar{\epsilon}/ \; > \; /\bar{e}/ \quad \text{(RP später /eI/)}$$
$$/\bar{\epsilon}/ \; > \; /\bar{e}/ \; > \; /\bar{i}/ \qquad\qquad /\bar{\mathtt{o}}/ \; > \; /\bar{o}/ \text{ (RP später /ou/,/əU/)}$$
$$/\bar{e}/ \quad > \quad /\bar{i}/ \qquad\qquad\qquad /\bar{o}/ \; > \; /\bar{u}/$$
$$/\bar{i}/ \quad > \quad /ai/ \qquad\qquad\qquad /\bar{u}/ \; > \; /au/$$

Ueber die Ursachen und die Chronologie der einzelnen Schritte, bzw. ihre Zwischenstufen, gibt es keine [vollständige] Uebereinstimmung. Man vgl. die z.T. stark divergierenden Ansichten bei: Jespersen (1909-49; 1965: 231 ff.), Luick (1914-40; 1964: § 479 ff.), Martinet (1955: 248-256), Horn/Lehnert (1954: 382-439), Dobson (1957: § 98 ff.), Trnka (1959), Kuryłowicz (1965), Vachek (1965), Fisiak (1968: 48 ff.), Chomsky/Halle (1968: 251 ff.), Pinsker (1969: § 54 ff.), Prins (1971), Erdmann (1971: 116-146), Prins (1972: 122 ff.), Plotkin (1972: 63 ff.), Samuels (1972: 144 ff.), Wolfe (1972), Stockwell (1973), Perkins(1977).

2. Die Veränderungen der langen Vokale ausserhalb der grossen Vokalverschiebung werden u.a. behandelt in Luick (1914-40; 1964: Kap.C.I), Pinsker (1969: § 56-63), Prins (1972: 157 ff.).

3. Zur Verteilung der Wörter des Typs *hond/hand* bei Chaucer vgl. Wild (1915: 91 ff.), Jordan (1925; 1968: § 31), Berndt (1960: 18), Bähr (1975: § 30, Weɫna (1978: § 5.9).

1.1.3 Die Diphthonge

1.1.3.1 Phoneme

Bei den Diphthongen können in Chaucers Englisch 6 Phoneme auseinandergehalten werden. Alle Diphthonge weisen als zweite Komponente ein /-i/ oder /-u/ auf.

(19) Me. (Chaucer)

/ai/	*day, seyen, wey, they*
/oi/	*joye, floyting, joynen, noyse*
/au/	*cause, lawe, drawen, faute*
/ou/	*knowen, soul, bowe, blowen*
/iu/	*newe, trewe, knew*
/ɛu/	*fewe, lewed, shewen*

Die Anzahl der anzusetzenden Phoneme geht in den verschiedenen Darstellungen des Me. auseinander. Die Diphthongphoneme /ai/, /au/ und /ou/ bereiten keine grösseren Probleme. Statt eines Phonems /oi/ können Sie jedoch auch *zwei* Phoneme, /oi/ und /ui/, angesetzt finden, und statt eines Phonems /iu/ *zwei*

Phoneme, /ëu/ und /iu/. In Darstellungen, die jeweils nur ein Phonem annehmen, sind statt der zwei Phoneme auf jeden Fall zwei Allophone anzunehmen.

L:1. Zur Entstehung der me. Diphthonge vgl. Luick (1914-40; 1964: § 372 ff.,
398 ff.), Schlauch (1959; 1973: 12 ff.), Berndt (1960: 51 ff.),
Fisiak (1968: 50), Prins (1972: 94 ff.).

2. Ein einziges Phonem /iu/ wird u.a. von Fisiak (1965: 32), (1968: 53),
Peters (1968: 94), Bähr (1975: 41) angenommen. Phonetisch sind
zunächst (1) [Ɛu] aus [ae͞ + w] und [e+w], (2) [eu] aus [e͞+w] und
(3) [iu] aus [i͞+w] anzunehmen.

Ueber den Zusammenfall von [eu] und [iu] besteht weitgehende Einigkeit, vgl. Luick (1914-40; 1964: § 399, Anm.1), Jordan (1925; 1968:
§ 107 ff.), Berndt (1960: 61), Pinsker (1969: § 41), Prins (1972:
102 ff.).

Mossé (1952: 19) und Berndt (1960: 61) werden von Fisiak (1965: 32
u. 100) als Vertreter des Zusammenfalls der drei Diphthonge zitiert,
doch unterscheidet Berndt genauso wie Luick, Jordan, Prins zwischen
[Ɛu] einerseits und einem ab ca. 14.Jh. unter /iu/ zusammengefallenem
[eu] und [iu] andererseits. Mossé ist ähnlich zu interpretieren.
Ebenso unterscheidet Kökeritz (1961: 15) zwischen [Ɛu] in *fewe, lewed,
shewen* und [iu] in *newe, trewe, blew*. Der lautliche Zusammenfall von
[Ɛu] und [iu] wird von Luick (1914-40; 1964: § 548) und Pinsker
(1969: § 57) für das 17. Jh. angesetzt.

3. Getrennte Phoneme /oi/ und /ui/ werden nach Fisiak (1965: 32) von
Horn (1954: 374 ff.) und Stockwell (1959: 27) angenommen. Ebenso
Pinsker (1969: 39) und Prins (1972: 104). Für ein Phonem /oi/ mit
zwei Allophonen, [ui] vor /n/ und /l/, und [oi] vor anderen Konsonanten tritt Fisiak (1965: 32) ein. Der phonetische Zusammenfall
von [oi] und [ui] wird von Luick (1914-40; 1964:§ 545) und Pinsker
(1969: § 57) für das 17. Jh. angesetzt, vgl. Dobson (1957: § 252-263).

4. Statt des hier angenommenen Diphthongphonems /ou/ plädiert Prins
(1972: 99 ff. 170) für zwei verschiedene Diphthonge, [ɒu] und [ɔu],
von denen der erste als Variante zum Phonem /au/ zu stellen sei,
der zweite als Phonem /ɔu/ gesehen wird. [ɒu] entwickelte sich vor
[x]; /ɔu/ entstand durch Verschmelzung vor ursprünglich /w/ oder
/ɣ/.

1.1.3.2 Grapheme

Die Diphthonge werden durch die folgenden Grapheme wiedergegeben:

(20) /ai/ <ai, ei, ay, ey>   *awaiten, feithful, gay, hey*
     /oi/ <oi, oy >   *point, vois, poynaunt, royalliche*
     /au/ <au, aw >   *sauft, taughte, mawe, slawen*
     /ou/ <ou, ow, o>[11]   *roulen,knowen,lowen,thoghte,noght*
     /iu/ ⎧<eu, ew, u(w)>⎫   *seur, rewe, newe, trewe, shewen,*
     /Ɛu/ ⎩   ⎭   *huwe*

---

11 < o > für /ou/ findet sich vor <-gh(t)>. Vgl. dazu auch oben
   Fussnote 6.

1.1.3.3 Französische Lehnwörter

Vor gedeckten Nasalen wechseln in manchen aus dem Frz. kommenden Wörtern häufig die Schreibungen < au > und < a >. In der Regel wird für den Vokal dieser Wörter Zusammenfall mit dem Diphthong /au/ angenommen.

(21)   /au/   < au, a >   *dauncen, straunge, stanchen*

L: Zusammenfall mit dem heimischen Diphthong /au/ wird u.a. von Luick (1914-40; 1964: § 414.2), Jordan (1925; 1968: 199) und Berndt (1960: 99, vgl. jedoch auch 99, Anm.) angenommen. Vgl. auch Dobson (1957: § 62). Ueber die Monophthongierung zu [ā] vgl. Luick (1914-40; 1964: § 519), Berndt (1960: 110), Storms (1960).

Die Vokale in Wörtern, die im Me. aus dem Frz. übernommen worden sind, fallen mit den lautlich nächstliegenden me. Vokalphonemen zusammen. In der Regel gibt es hierbei keine Schwierigkeiten. Von besonderem Interesse ist lediglich Afrz. /ȳ/. Während die Kürze /y/ im Me. bald mit /u/ zusammenfällt, wurde die Länge - dialektal verschieden rasch - zu [iu] umgebildet. Für die Sprache Chaucers kann [iu] angenommen werden. Die Schreibung ist ursprünglich < u >, nach dem Zusammenfall mit dem Phonem /iu/ auch < eu, ew >. Schreibungen bei Chaucer mit < uy >[12] weisen noch auf altes /ȳ/.

(22)   /iu/   [iu] ~ [ȳ]   < u,eu,ew >   *pure, duren, surtee,*
                                              seur, persewen,

/iu/   [ȳ]   < ui,uy >   *pursuit, fruyt, conduyte.*

L: Luick (1914-40; 1964: § 412, 490), Wild (1915: 218 ff.), Jordan (1925; 1968: § 230), Mossé (1952: 30 f.), Berndt (1960: 104 f.), Storms (1960), Kökeritz (1961: 15), Prins (1972: 115), Dürmüller/Utz (1974: 24, 35).

1.1.3.4 Vergleich mit dem Neuenglischen

Die ne. Normalentsprechungen der me. Diphthonge sind die folgenden:

(23)

Me. (Chaucer)	Ne.	
/ai/	/eɪ/	*day, way*
/oi/	/ɔɪ/	*joy, point*
/au/	{ /ɔ:/	*cause, draw*
	{ /ɑ:/	*dance, command*
/ou/	{ /əU/	*know, blow, soul*
	{ /ɔ:/[13]	*thought, sought*
/iu/ }	{ /ju:/	*new, hew, few*
/ɛu/ }	{ /u:/	*true*

---

12 *buylden*, das kein frz. Lehnwort ist, erscheint bei Chaucer neben *bilden* mit /i/.

13 Die übliche Entsprechung in der ne. Gemeinsprache ist /əU/; /ɔ:/ findet

A 6: Bestimmen Sie Kürzen, Längen und Diphthonge im folgenden Textstück:

> The mayde hath broght thise men to blisse above;
> The world hath wist what it is worth, certeyn,
> Devocioun of chastitee to love."
> Tho shewed hym Cecille al open and pleyn
> That alle ydoles nys but a thyng in veyn,
> For they been dombe, and therto they been deve,
> and charged hym his ydoles for to leve.
>
> CT VIII, 281-287.

L: Zur Entwicklung der me. Diphthonge im Ne. vgl. Luick (1914-40; 1964: § 514 ff.) Dobson (1957: § 224-263), Brunner (1960: 320 ff.), Pinsker (1969: § 53 ff.), Prins (1972: 166 ff.).

1.1.4 Die Vokale in den mindertonigen Silben

1.1.4.1 Phoneme und Grapheme

In den unbetonten oder den im Satzzusammenhang minderbetonten Silben finden sich vor allem die oben in 1.1.1.1 angeführten kurzen Vokalphoneme.

Ein /i/ findet sich z.B. in den Endungen auf /iʃ/, /iʒ/ und /(1)i/, sowie im Präfix /bi-/; ein /e/ in unbetonter Verwendung mancher Pronomina; ein /u/ in Wörtern auf /-(s)um/; ein /o/ in der Umgebung von Labialen und in der Endung /-ok/; ein /a/ schliesslich in einer Reihe von im Satzzusammenhang minderbetonten Wörtern.

(24) /i/ < i,y >   *Englissh, rymyng, tellyng, pleynly, gladly*
                   drasty, lady, bifallen, biginnen
     /e/ < e >   *he, we, me*
     /u/ < u,o > *bosom, buxom, us,*
     /o/ < o >   *buttok, abbot, bishop, ruddok*
     /a/ < a >   *any, na, nat, as*

Als zusätzliches Phonem findet sich in den minderbetonten Silben das Phonem /ə/, das in der Regel durch < e > wiedergegeben wird. Das oben unter (1) angeführte Schema der Kurzvokale kann daher wie folgt durch /ə/ ergänzt werden.

(25)   /i/   /u/

     /e/   /ə/   /o/

          /a/

Das Phonem /ə/ findet sich vor allem in folgenden Fällen:

(26) /ə/ < e > 1.) In der Pluralendung und in der Endung
                    für den Gen. Sg. auf < -es >.

---

sich nur in einer kleinen Anzahl von Wörtern auf < -ght >: *bought, brought, fought, nought, ought, sought, thought, wrought* (vgl. 1.1.3.1, L:4).

wordes, stones, herbes, proverbes;
Goddes, mannes, oxes

2.) In der Infinitivendung und im Part.
prät. starker Verben auf < -en >.

speken, slepen, tellen, fynden;
founden, bounden, holpen

3.) In der Superlativendung und der Endung
für die 2.Sg.präs. auf < -est >.

hardest, gladest, fairest, gretteste;
makest, biwreyest

4.) In der Präteritalendung und im Part.
prät. schwacher Verben auf < -ed >.

romed, caused, turned, logged;
burned, drecched, tipped, mordred

5.) In der Endung der 3.Sg.präs. auf < -eth >.

bereth, blaweth, herkneth, eyleth

6.) In Substantiven und Adjektiven im Auslaut
und vor /r/.

tale, sune, love, speche;
goode, brighte;
brother, sleper, hostiler;
lenger, redder, whitter

Mit der Aussprache [ə] konkurriert bereits seit dem 13. Jh. die ange-
hobene Aussprache [i], die aus manchen Reimen[14] auch für die Sprache
Chaucers erschlossen werden kann. Mit [i] ist vor allem in den in (26)
unter 1.), 3.), 4.) und 5.) angeführten Fällen zu rechnen, d.h. in den
Endungen auf < -es, -est, -ed, -eth >. Gelegentlich weist auch eine
Schreibung mit < i > oder < y > auf eine Aussprache mit [i]:

(27)   Me. (Chaucer)

dyvynys ~ *divines*
clerkis ~ *clerkes*

In den Wörtern auf < -eth >, vor allem aber im Auslaut ist auch mit gänz-
lichem Fehlen des Phonems /ə/ zu rechnen. In der Sprache Chaucers kon-
kurrieren Fälle mit vorhandenem und elidiertem /ə/. Zu Konsequenzen, die
sich daraus für die Aussprache der Chaucertexte ergeben können, vgl.
Kapitel 2.3.1.1 und 2.3.1.2.

---

14 Es reimen u.a.: *bowes* und *inow is* oder *floures* und *flour ys.*
Weitere Beispiele in Kapitel 2.4.1.3 (66) und 2.4.1.5 (71).

Gelegentlich findet sich das Graphem < e > im Auslaut von Wörtern, die
sicher ohne /ə/ gesprochen wurden, da sie in den entsprechenden Formen
schon im Ae. endungslos waren. Dies weist auf die Unsicherheit in der Verwendung des Graphems < e > im Wortauslaut, die auf den im Spme. eintreten-
den Schwund der Endungen auf /-ə/ zurückzuführen ist.

(28)   Me. (Chaucer)

/∅/   < e >   *lore, cole*

Die modernen Textausgaben geben das End- < e > der Chaucer Handschriften
unterschiedlich wieder. In der Globe-Edition und der auf ihr beruhenden
Konkordanz von Tatlock/Kennedy (T/K) sind unetymologische End- < e > in
der Regel treu wiedergegeben, während sie von Robinson grundsätzlich
getilgt werden. T/K gibt daher z.B. für *hoom* vier Schreibungen:

(29)	Schreibung	Beleganzahl	Vorwiegendes Vorkommen
a)	hoom	53	CT
b)	hom	26	TC
c)	home	22	LGW
d)	hoome	1	CT

Robinson gibt *hoom* (für a) und d)) und *hom* (für b) und c)).

L:1. Zu den Vokalen in den minderbetonten Silben vgl. Jordan (1925; 1968:
§ 133 ff.), Berndt (1960: 114 ff.), Kökeritz (1961: 17 f.),
McJimsey (1942), Fisiak (1968: 41), Prins (1972: 175 ff.), Samuels
(1972: 44 f.). Vgl. dazu auch Kapitel 2.3.1.1. und dort verzeichnete
Literatur.

2. Zur Schreibung von End-< e > vgl. Robinson (1957:XLI f.), Kökeritz
(1961: 18 f.), Bateson (1975: 19 f.).

1.1.4.2 Vergleich mit dem Neuenglischen

In vielen Fällen, in denen wir bei Chaucer noch das Phonem /ə/ finden,
fehlt es im heutigen Englisch (vgl. A 7).

In Wörtern mit langem Stammvokalphonem, insbesondere bei /ā/ und /ɔ̄/,
hat sich - wie schon in (18) gezeigt wurde - das < e > im Wortauslaut im
Ne. als Indikator für die Länge des Stammvokals erhalten oder ist, falls
es nicht mehr geschrieben wurde, zu diesem Zweck neuerlich angefügt worden.

(30)   Me. (Chaucer)   Ne.

/ā/   /eɪ/ < a - e > *made, tale, blame page,*
                                   save (vgl. weitere
                                   Beispiele oben (11,12)).

A 7: In welchen der in (26) genannten Wörtern fehlt das /ə/ im Ne.?

A 8: Stellen Sie aufgrund Ihrer Kenntnisse des Ne. auch für die übrigen me. Langvokale Wörter zusammen, die heute mit End-< e > geschrieben werden.

A 9: Geben Sie eine Zusammenstellung von Wörtern, die im Ne. sowohl eine betonte wie eine abgeschwächte Form aufweisen, z.B. *be* [bi:, bI].

A 10: Bestimmen Sie sämtliche Vokalphoneme im folgenden Textstück:

> I wot myself as wel as any wight;
> For I loved oon with al myn herte and myght,
> More then myself an hundred thousand sithe,
> And called him myn hertes lif, my knyght,
> And was al his, as fer as hit was ryght;
> And when that he was glad, then was I blithe,
> And his disese was my deth as swithe;
> And he ayein his trouthe hath me plyght
> For evermore, his lady me to kythe.   AA 220-228

1.2   K o n s o n a n t e n

Die Konsonanten werden nach der Art ihrer Bildung behandelt; es kann zwischen Verschlusslauten, Reibelauten, Affrikaten, Liquiden, Nasalen und Halbvokalen unterschieden werden.

1.2.1   Verschlusslaute

1.2.1.1 Phoneme

In der Sprache Chaucers sind je nach der Artikulationsstelle drei Paare von Verschlusslauten zu unterscheiden. Jedem stimmlosen Verschlusslaut steht ein stimmhafter Verschlusslaut gegenüber.

(31)	Labial:	/p/	/b/
	Alveoloar:	/t/	/d/
	Velar:	/k/	/g/

1.2.1.2 Grapheme

Den in (31) genannten Phonemen entsprechen die uns aus dem Ne. bzw. auch dem Nhd. bekannten Grapheme:

(32)	/p/	< p >	*peche, plesen, open, lampe, up*
	/b/	< b >	*beren, blanket, debaat, erbe, lomb*
	/t/	< t >	*table, techen, eten, plate, greet*
	/d/	< d >	*dede, deep, drede, lady, leed*
	/k/	< k > [15]	*kene, herken, lake, eek, derk*
		< c >	*can, clerk, faculte, record*
		< ch>	*Chaldeye, Chorus*
	/g/	< g >	*galle, gees, ginnen, gold, figure*

Für die Phonemfolge /sk-/ gilt im wesentlichen die gleiche Aufteilung auf
< c-> und < k-> wie für /k/. Zur Folge < sci- >, < -sce- > vgl. unten (45).

> (33) /sk/ < sk > *skile, skyn, skulle, sky*
>   < sc > *scathe, scole, scorn, scripture*

Neben der Verwendung der einfachen Grapheme finden sich bei Chaucer auch
Doppelschreibungen, mit denen vor allem nach kurzen Vokalen zu rechnen ist.

> (34) /p/ < pp > *coppe, gappe, knoppe*
>   /b/ < bb > *ebbe, knobbes, gabben, tubbe*
>   /t/ < tt > *lette, fette, putten*
>   /d/ < dd > *hadde, ladde, naddre*
>   /k/ { < kk >   *quakken, rekken*
>   { < cc > [16] *accorden, accomplice*
>   /g/ < gg > *drogges, dogge*

Die Lautfolge /kw/ wird durch < qu > wiedergegeben, in einigen Wörtern
auch durch < cqu > (vgl. Fussnote 16).

> (35) /kw/ < qu > *quaken, quene, quyten, aqueynten,*
>   *venquissen*
>   < cqu > *acqueyntance, acquite*

Die Lautfolge /ks/ wird durch < x > wiedergegeben.

> (36) /ks/ < x > *axen*[17]*, box, buxom*

L:1. Mit Doppelschreibung von Konsonantenphonemen wurden ursprünglich
geminierte Konsonanten bezeichnet. Nach dem Schwund der langen
Konsonanten, der um 1200 im Norden einsetzt und gegen 1400 auch im
Süden durchgedrungen ist, kann die Doppelsetzung eines Konsonanten-
graphems als Zeichen für die Kürze des vorangehenden Vokals inter-
pretiert werden. Vgl. ausführlich Jordan (1925; 1968: § 157),
Kurath (1956), sowie Berndt (1960: 143-151), Brunner (1960: 377 f.),
Fisiak (1965: 34).

L:2. Zu den me. Verschlusslauten vgl. insbesondere: Brunner (1938; 1967:
§§ 35, 38), Fisiak (1968: 21), Prins (1972: 208 ff.).

---

15 Die Schreibung < k > findet sich vor allem vor den hellen Vokalen
/e/ und /i/, wodurch die Graphemfolgen < ce- > und < ci- > für die
Phonemfolgen /se-/, /tʃe-/ und /si-/ freibleiben. Weiter findet
sich < k > vor /n/, (s.u.(37)). Vgl. dazu auch die Schreibung < o >
für /u/ vor Nasalen aus dem gleichen Grund, oben 1.1.1.2, Fussnote 1. Auch im Auslaut hat Chaucer in der Regel < k >, doch findet
sich auch < c > wie in *alembic*. < ch > findet sich bei Chaucer nur
in den beiden angegebenen Wörtern.

16 Die Schreibung < cc > für /k/ kommt nur in der Kompositionsfuge
< *ac-* > (lat. ad-) + < *co...*> oder < *cu...* > vor. In der Verbindung
< *ac* > + < *ce...* > oder < *ci...* > steht < cc > für /ks/. In
repleccioun steht < cc > für /s/ (u.(44), (47)). Vgl. auch die
Folge < cch > u. (63).

17 In *axen* neben *asken* liegt Metathese von /sk/ zu /ks/ vor. Bei Chaucer

1.2.1.3 Vergleich mit dem Neuenglischen

Die me. Verschlusslaute setzen sich im Ne. durch die gleichen Phoneme fort. Man beachte, dass unterschiedlich zum Ne. die velaren Verschlusslaute bei Chaucer auch vor /n/ gesprochen werden. Den Schreibungen < kn- > und < gn- > entsprechen daher die Phonemfolgen /kn-/ und /gn-/.

(37) /kn/ < kn > *knave, knelen, knok, knowen*

/gn/ < gn >[18] *gnawen, gnede, gnodden, gnof, gnastyng, gnat*

L: Zur Entwicklung von /kn/ und /gn-/ vgl. Kökeritz (1945).

Ebenso ist /b/ nach /m/ in der Sprache Chaucers noch erhalten.

(38) Me. (Chaucer) Ne.

/mb/ < mb > /m/ < mb > *lamb, comb, doumb*

Me. /sk/ entspricht in der Regel ne. /sk/, lediglich in der Folge /skl/ wird zu /sl/ vereinfacht. Man vgl. dazu auch *slave* gegenüber Nhd. *Sklave* mit erhaltener Folge /skl/. Bei Chaucer finden sich nur 4 Wörter mit anlautendem /skl-/, wovon 2, *sclat* und *sclave*, jeweils nur einmal belegt sind.

(39) Me. (Chaucer) Ne.

/skl-/ < scl-, skl- > /sl-/

sclaundre ~ sclaunder ~ sklaundre ~ sklaunder
sclat
sclave
sclendre ~ sklendre, (1 mal slendre!)

Man beachte, dass Wörter auf /sk-/ durchwegs skandinavischen, französischen (lateinischen) oder niederländischen Ursprungs sind. Die Fortsetzung des ae. /sk-/ ist me. (Chaucer) /ʃ/, wie in *sheep, sho, sholde, shewe*. In der Schreibung finden wir im Ne. in manchen Wörtern < ch >, in denen Chaucer < c > hat: *Christ, Christendom, chronicle*.

A 11: Stellen Sie mit Hilfe eines etymologischen Wörterbuches, des OED oder auch des COD die Herkunft der folgenden bei Chaucer belegten Wörter fest:

scabbe (ne. *scab*) *scathe·* *sky*
skant (ne. *scant*) *skile* (ne. *skill*) *scorn*
scape (ne. *escape*) *skyn* (ne. *skin*) *scomes* (ne. *scum*)
scarce

findet sich die Schreibung < x > in 70% aller Fälle. Insgesamt steht in 189 Belegstellen 132 mal < x > und 57 mal < sk >.

18 Während es bei Chaucer ca. 20 Wörter auf /kn-/ gibt, die insgesamt ca. 1200 mal vorkommen, finden sich nur die angegebenen 6 Wörter auf /gn-/, die insgesamt nur 15 mal belegt sind.

1.2.2 Reibelaute

1.2.2.1 Phoneme

Auch bei den Reibelauten oder Spiranten der Sprache Chaucers ist zwischen drei Phonempaaren zu unterscheiden, bei denen jeweils ein stimmhaftes Phonem einem stimmlosen Phonem gegenübersteht. Zu diesen Phonemen kommen jedoch noch vier Spirantenphoneme hinzu, die nicht paarweise auftreten.

Nach der Artikulationsstelle sind die folgenden Paare zu unterscheiden:

(40) Labiodental: /f/   /v/
      Dental: /θ/   /ð/
      Alveolar: /s/   /z/

Zusätzlich finden sich die folgenden vier Spirantenphoneme:

(41) Palato-alveolar: /ʃ/
      Velar: /χ/
      Glottal: /h/
      Labiovelar: /ʍ/[19]

L:1. Die stimmhaften und stimmlosen Spiranten eines Paares werden in der Sprache Chaucers als eigene Phoneme, nicht bloss als allophonische Varianten, angesehen. Seit der Uebernahme von Wörtern aus dem Frz. mit sth. Spiranten und der dialektalen Anlautslenisierung sind sth. und stl. Allophone nicht mehr komplementär verteilt und daher Phoneme. Bei Chaucer finden sich u.a. folgende Minimalpaare: *failen - vailen, fer - ver, ferre - verre, fers - vers, seles - zeles.* Analog werden auch /θ/ und /ð/ als eigene Phoneme behandelt. Vgl. Kurath (1956), Hockett (1958: 378), Fisiak (1965: 33 f.), Fisiak (1968: 59 ff.).

2. Das Phonem /χ/ weist komplementär verteilte Allophone, nämlich eine palatale und eine velare Variante auf, die vom vorausgehenden Vokal abhängen:

   [ç] :   *eight*
   [x] :   *thought, broughte*

Vgl. Fisiak (1968: 61), Prins (1972: 215).

3. /h/ ist hier als eigenes Phonem aufgefasst, nicht als Allophon von /χ/. Vgl. Fisiak (1968: 61), dagegen u.a. Dürmüller/Utz (1974: 16).

4. Zum Phonem / ʍ /, das auch als /W/ oder /hw/ dargestellt wird, vgl. Vachek (1964: 29-46), Fisiak (1968: 63 f.), Gimson (1970: 217).

---

19 Statt dieses Phonems wird auch die Kombination /hw/ angesetzt.

1.2.2.2 Grapheme der paarweise vorkommenden Spiranten

Diesen Phonemen entsprechen die folgenden auch im Ne. verwendeten Grapheme:

(42) /f/   < f >   *fable, finden, after, sheef, of*
      /v/   < v >   *veray, vileinye, vois, love, never*
      /θ/ ⎫   *theef, thing, thrye, breeth*
      /ð/ ⎬ < th>   *this, the, bathen, nether, worthy*
      /s/ ⎫   *sauf, sayn, sikes, prest, hors*
      /z/ ⎬ < s >   *nose, presen, hose, doseyn, plesure*

Die Grapheme < th> und < s > werden jeweils für das sth. und das stl.
Phonem verwendet. Für /z/ findet sich jedoch auch < z >, das in einigen
Wörtern, fast ausschliesslich Eigennamen, im Anlaut vorkommt; im Inlaut
wechselt es häufig mit < s >.

(43) /z/   < z >   *Zanzis, zeles, Zeno, Zephirus, Zodia(c)*
                     Azimutes, atazir, azure ~ asure

Für das stimmlose Phonem /s/ findet sich neben dem Graphem < s > in
Wörtern aus dem Französischen auch häufig das Graphem < c >, wenn ein
/e/ oder /i/ folgt. Treffen die Phoneme /k/ und /s/ aufeinander, so kommt
es auch zu einem Zusammentreffen der Grapheme < c > für /k/ und < c > für
/s/, also < cc >.

(44) /s/   < c >   *Cesar, certeyn, grace, office, absolucioun,*
      /ks/ < cc >   *accepte, accesse, accident, accidie*
                     accioun, eleccioun, destruccioun

In einigen Wörtern finden sich die beiden Grapheme < s > und < c >
zusammen für die Wiedergabe von /s/.

(45) /s/   < sc>   *science, Scithia, Scipioun, concupiscence*

In einigen aus dem Frz. kommenden Substantiven steht ein < z > für /s/ als
Pluralkennzeichen.

(46) /s/   < z >   *servantz ~ servauntes ~ servants*
                     instrumentz ~ instrumentes ~ instruments[20]

Doppelsetzung des jeweiligen Graphems findet sich für die stimmlosen
Spiranten /f/ und /s/:

(47) /f/   < ff >   *affynytee, affray, offre*
      /s/ ⎧< ss >   *assay, assemble, masse*
          ⎨< cc >   *repleccioun*

---

20 Weitere Beispiele vgl. Pluralbildung, Kapitel 3.1.1.1 (4).

Für das Phonem /f/ findet sich schliesslich in Wörtern, die aus dem Französischen (urspr. Lateinischen, Griechischen) übernommen wurden, auch die Schreibung mit < ph >.

> (48) /f/ < ph > *prophete, sophistrye, philosophre, Phebus*

1.2.2.3 Grapheme nicht paarweise vorkommender Spiranten

Diese Phoneme werden wie folgt wiedergegeben:

> (49) /ʃ/ < sh > *shaken, ship, shryne, ashamed*
> /χ/ < gh > *night, knight, thought, broughte*
> /h/ < h > *half, helpen, hoom*
> /ʍ/ < wh > *whan, where, which, who*

Die uns aus dem Nhd. geläufige Wiedergabe des /ʃ/ durch die Graphem-kombination < sch > findet sich auch in einigen Chaucer-Manuskripten, besonders häufig in der Boethiusübertragung.

> (50) /ʃ/ < sch > *schulde, schyneth, sche*

Doppelsetzung der ersten Komponente findet sich bei < sh > und < sch > für /ʃ/:

> (51) /ʃ/ < ssh > *parisshe, mersshy, scryvenyssh*
> < ssch > *nourysschinges*

1.2.2.4 Vergleich mit dem Neuenglischen

Die in der Sprache Chaucers vorkommenden Spiranten finden sich mit Ausnahme von /χ/ auch im Ne. Lediglich ihre Verteilung hat sich in vielen Fällen geändert. Ueberdies tritt zum stimmlosen palatoalveolaren Phonem /ʃ/ im Ne. ein stimmhaftes Phonem /ʒ/, wodurch sich ein weiteres Paar von Spirantenphonemen ergibt. In Wörtern, in denen me. /s/ oder /z/ vor /i/ bzw. /j/ steht, entsprechen diesen Phonemefolgen ne. /ʃ/ bzw. /ʒ/.

> (52) Me. (Chaucer)　　Ne.
> /s/ < c > /ʃ/ < ti, ci > *nacioun*[21], *special*
> /z/ < s > /ʒ/ < si, su > *visioun*

Dem Phonem /χ/, das sich bei Chaucer nur im In- und Auslaut findet, entspricht im Ne. entweder /ø/ oder nach dunklen Vokalen auch /f/.

> (53) Me. (Chaucer)　　Ne.
> /χ/ < gh > ⎰ /ø/ < gh > *night, knight, thought,*
> ⎱ /f/ < gh > *tough, rough, ynogh, laughter*

---

21 Zur Aussprache von Wörtern dieses Typs vgl. auch Kapitel 2.3.1.3.

Der dentale Reibelaut /ð/ findet sich ursprünglich nur im Inlaut. Zur Zeit Chaucers tritt dieses Phonem in häufig minderbetonten Wörtern erstmals auch im An- und Auslaut auf. Der Wandel ist aus der Schreibung nicht nachzuweisen. Chaucer reimt jedoch *swithe*, das meist mit *blithe* reimt, einmal auch mit *hy the* (CT VIII, 1294/95).

(54) Me. (Chaucer)   Ne.

/ð/   < th >   /ð/   < th >   *this, the, that, then, thus, with*

Für die analoge Erweichung von /s/ zu /z/, die auch ins 14.Jh. gelegt wird, gibt es jedoch in der Sprache Chaucers keine Anhaltspunkte. Im Auslaut von minderbetonten Wörtern und in der Endung < -es > dürfte /s/ gelten. Dafür sprechen Reime wie *is - amys* (CT V, 779/80) oder *is - blis* (CT II, 33/34). Auch auslautendes /f/ in *if, of* ist bei Chaucer stimmlos.

(55) Me. (Chaucer)   Ne.

/s/   < s >   /z/   < s >   *is, was, wyves*

Das Phonem /h/ findet sich bei Chaucer - so wie auch im Ne.- nur im Anlaut. In Wörtern, die aus dem Frz. entlehnt sind, wechselt die Schreibung < h > häufig mit < Ø >. Daraus lässt sich schliessen, dass in diesen Wörtern /h/ nicht generell gesprochen wurde, dem Graphem < h > also kein Laut mehr entsprach, ähnlich ne. *heir* oder *hour*. Andererseits gibt es auch Wörter, die bei Chaucer kein < h > aufweisen, heute aber wieder mit /h/ anlauten.

Im Ne. entspricht die Schreibung < h > dem Phonem /h/:

(56) Me. (Chaucer)   Ne.

< h > ~ < Ø >   < h >, /h/

hemispere ~ emysperies   *hemisphere*
homage ~ omage   *homage*
armonye   *harmony*
ellebor   *hellebore*
Ector[22]   *Hector*

Im Ne. fehlt das Phonem /h/; die Schreibungen behalten z.T. noch < h >:

(57) Me. (Chaucer)   Ne.

< h > ~ < Ø >   < h >, < Ø >, /Ø/

honour(able)   *honour(able)*
heir ~ eyre   *heir*
habounde ~ abounde   *abound*

---

22 Vor allem Eigennamen stehen meist ohne < h >: *Ecuba, Eleyne, Ypolita, Olofernes.*

Auch in heimischen Wörtern kann es zu einer Reduktion des anlautenden /h/ kommen, wenn diese in unbetonter Stellung stehen. Dazu gehören vor allem Pronomina und das Hilfszeitwort *have*. Die gleiche Erscheinung gibt es im Ne.; so wie bei Chaucer werden auch im Ne. diese Wörter mit < h > geschrieben.

(58) Me. (Chaucer)   Ne.

< h >, /h/ ~ /∅/   < h >, /h/ ~ /∅/

hath, have, his,   *has, have, his, her*
hir, hem, hit[23]

Das Phonem /M/, der stimmlose labiovelare Reibelaut, ist auf den Anlaut vor allem von Interrogativwörtern beschränkt und fällt am Ende der me. Periode mit /w/ zusammen. Der Wandel ist aus der Schreibung nicht zu ersehen. Im Ne. lebt der Laut fort "amongst careful RP speakers and regularly in several regional types of speech, e.g. in Scottish English..." (Gimson, 1980: 215).

(59) Me. (Chaucer)   Ne.

/M/   < wh > $\begin{cases} /M/ \\ /w/ \end{cases}$ < wh > *what, whan, why*

A 12: Gibt es im Ne. auch Wörter mit anlautendem /ʒ-/?

A 13: Was können Sie aus den verschiedenen Aussprachen von ne. *garage* ablesen?

A 14: Worauf führen Sie die unter dt. Sprechern des Englischen sehr verbreitete Aussprache der Wörter des Typs *action, fiction, reduction* mit /-ktʃ-/ zurück?

A 15: Stellen Sie aufgrund Ihrer Neuenglischkenntnisse möglichst viele Wörter auf < -ght > zusammen; ordnen Sie die Wörter nach den Vokalen, die im Me. (Chaucer) vorgelegen haben müssen. Welche Schlüsse können Sie, etwa durch Vergleich mit dem Deutschen, bezüglich der Vokalquantität ziehen?

A 16: Geben Sie die für das Ne. gültigen Ausspracheregeln für ein < th > am Wortanfang.

1.2.3 Affrikaten

1.2.3.1 Phoneme

In der Sprache Chaucers werden üblicherweise zwei Affrikaten unterschieden. Es steht wieder ein stimmloses Phonem einem stimmhaften Phonem gegenüber.

---

23 Neben *hit* findet sich bei Chaucer schon häufig *it*, das sich ne. durchgesetzt hat.

(60)   Palato-alveolar: /t∫/   /dʒ/

Die Affrikata /t∫/ wechselt im Me. dialektal mit /k/-Formen, die sich in
Wörtern aus dem Skandinavischen finden. Bei Chaucer stehen nebeneinander:

(61)   /t∫/   -   /k/   michel   -   mykel
                          ich   -   ik
                          theech   -   theek
                          which   -   whilk

L: Jordan (1925; 1968: § 179, 192), Berndt (1960: 155), Brunner (1938; 1967:
    § 38), vgl. auch u. Kapitel 3.3.1.

1.2.3.2 Grapheme

Die graphematischen Entsprechungen sind die folgenden:

(62)   /t∫/   < ch >   chaunce, cherl, child, leche, braunches,
                          goodlich
        /dʒ/   < g >[24] geesten, general, ginglen, magestee,
                          assege, barge, daunger, sengen
                < j >[25] janglen, joly, jet, joye, justyse

Für die Affrikaten finden sich auch Doppelsetzungen der Grapheme, und
zwar im Inlaut:

(63)   /t∫/   < cch >   hacches, cacchen, fecchen, recchen
        /dʒ/   < gg >[26] brigge, egge, aleggen, logge, plegge

1.2.4   Nasale

1.2.4.1 Phoneme

Es ist zwischen zwei Nasalphonemen, /m/ und /n/, zu unterscheiden.

(64)   Bilabial: /m/
                Alveolar: /n/

---

24 < g > für /dʒ/ findet sich vor /e/ und /i/. Man beachte jedoch, dass
   < g > vor /e/ und /i/ auch für den Verschlusslaut /g/ stehen kann:
   Im Anlaut handelt es sich bei Chaucer um die Wörter geere, gere,
   gereful, gery, (ne. gear, gere), geese (von goose), gelde, gelding,
   get, geth (von goon). Umgekehrt gilt /dʒ/ in gayl und gayler (ne.
   gaol(er) ~ jail(er)).

25 < j > für /dʒ/ findet sich vor allem vor /a/, /o/ und /u/, gelegentlich
   jedoch auch vor /e/. Mit < j > finden sich vor allem auch Eigennamen:
   Jakke, Jacob, Jame, Januarie, Jeremy, Jerusalem, Job, Joseph, Juppiter
   u.v.a.
   Vereinzelt finden sich statt < j > auch < i >: maiestee. Ferner < jh >
   im Wort Jhesu(s).

26 Im Ne. steht in diesen Fällen in der Regel < dg >: bridge, edge,
   lodge, pledge.

L: Das Phonem /n/ weist zwei Allophone, [n] und [ŋ], auf, die komple-
    mentär verteilt sind. Das Allophon [ŋ] findet sich nur vor den
    Verschlusslauten /g/ und /k/, in welcher Stellung [n] nicht vor-
    kommt, z.B. in *hangen, sinken, dong, lang.* Nach dieser Annahme ent-
    spricht also auch im Auslaut stehendem < ing > die Aussprache
    [iŋg]. Im Ne. wird jedoch zwischen drei Phonemen unterschieden. Die
    Allophone [n] und [ŋ] erhalten phonemischen Status, sobald [-iŋg]
    im Auslaut zu [-iŋ] vereinfacht wird, und somit beispielsweise *sing*
    und *sin*, /siŋ/ - /sin/, miteinander kontrastieren. Die Vereinfachung
    beginnt in druckschwachen Silben auf < ing > zur Zeit Chaucers.
    Vgl. Dobson (1957: 84), Berndt (1960: 176 f.), Fisiak (1965: 34),
    Fisiak (1968: 69), Gimson (1970: 199).

1.2.4.2 Grapheme

Die Schreibung von /m/ und /n/ entspricht der im Ne. üblichen.

(65) /m/   < m >   *maken, mery, most, blamen, doom*
      /n/   < n >   *name, night, note, peyne, pyn*

Daneben findet sich wie bei den Verschlusslauten nach kurzem Vokal auch
Doppelsetzung des Graphems:

(66) /m/   < mm >   *brimme, gomme*
      /n/   < nn >   *brennen, sonne, winnen*

In Wörtern aus dem Frz. findet sich auch die Schreibung < gn >, die dort
/ɲ/ entsprach, bei Chaucer aber /n/ wiedergibt.

(67) /ɲ/ ~ /n/   < gn >   *resigne, digne, benygne*[27]
                           matrimoigne ~ *matrimoyne,*
                           deigned ~ *deyned*

1.2.5 Liquide

1.2.5.1 Phoneme und Grapheme

Wie im Ne. ist auch in der Sprache Chaucers zwischen den Phonemen /l/ und
/r/ zu unterscheiden:

(68)   Lateral: /l/
            Apikal: /r/

Die Schreibung entspricht der im Ne.:

(69) /l/   < l >   *lampe, lernen, lomb, felawe, shal*
      /r/   < r >   *rapen, riche, breeth, stark, for*

---

27 Die Annahme eines /n/ beruht auf dem Reim *resygne - medicyne* (ABC 78/80)
    (Robinson: 1975, xxxii). Die in (67) angeführten Wörter reimen sonst
    jedoch nur untereinander.

Daneben findet sich, so wie bei den Verschlusslauten und Nasalen auch Doppelsetzung des Graphems:

> (70) /l/   < ll >   *belle, elles, fallen, halle, wolle*
>   /r/   < rr >   *currour, errour, shirreve, sterre*

L: Schlauch (1959; 1973: 16-18), Berndt (1960: 162 f.), Vachek (1964: 54-65). Zu den Geminaten und langen Konsonanten: Kurath (1956), Fisiak (1968: 57-59).

1.2.5.2 Vergleich mit dem Neuenglischen

Das Phonem /l/ gilt auch in der Stellung vor Konsonanten, in der es im Ne. nicht mehr gesprochen wird:

> (71) Me. (Chaucer)   Ne.
>   /l/   < l >   /Ø/   < l >   *calf, calme, folk, half, palmere*

Dies gilt auch für die Wörter me. *sholde, wolde* (ne. *should, would*). Das Phonem /r/, dessen Artikulationsweise sich im Ne. verändert hat, wird bei Chaucer noch in jenen Stellungen gesprochen, in denen es im Ne. (RP) nicht mehr gesprochen, jedoch noch geschrieben wird:

> (72) Vor Konsonant: *ark, barge, clerk, fern, hors*
>   Im Auslaut: *er, for, licour, lore, or*

A 17: In welcher Weise beeinflusst ein /l/ und der Ausfall des Phonems /r/ die Entwicklung der vorhergehenden Vokale im Ne.?

1.2.6 Halbvokale

1.2.6.1 Phoneme und Grapheme

Die beiden Phoneme /w/ und /j/ werden verschieden klassifiziert, lassen sich jedoch günstig als Halbvokale zusammenfassen:

> (73) Labial: /w/
>   Palatal: /j/

Bei Chaucer entsprechen diesen Phonemen die folgenden Grapheme:

> (74) /w/   < w >   *waken, wepen, wolle, twiste, alweys*
>   /j/   < y >   *yeer, yeven, yif*

L: Berndt (1960: 151 f., 158 ff.), Brunner (1938; 1967: § 32).

1.2.6.2 Vergleich mit dem Neuenglischen

Das Phonem /w/ findet sich bei Chaucer auch vor /r/ und /l/, wo es heute nicht mehr vorkommt.

(75)   Me. (Chaucer)   Ne.

/wl-, wr-/   < wl-, wr- >   /l-, r-/   < l-, wr- >

wrastlen, wreken,
wringen, wryten,
wrong, wlatsom

In einigen Wörtern steht bei Chaucer < y > für /j/, wo heute /g/ gilt, das Ne. also nicht als direkte Fortsetzung der Sprache Chaucers angesehen werden kann.

(76)   Me. (Chaucer)   Ne.

/j/   < y >   /g/   < g >   *yate* (neben *gate*) - *gate*
                              yeven - *give*
                              yevere - *giver*
                              yifte - *gift*

A 18: Versuchen Sie aufgrund ihrer Kenntnisse der Vokal- und Konsonanten-
phoneme der Sprache Chaucers eine Transkription der ersten 18 Zeilen
der Canterbury Tales:

Whan that Aprill with his shoures soote
The droghte of March hath perced to the roote,
And bathed every veyne in swich licour
Of which vertu engendred is the flour;
Whan Zephirus eek with his sweete breeth   5
Inspired hath in every holt and heeth
The tendre croppes, and the yonge sonne
Hath in the Ram his halve cours yronne,
And smale foweles maken melodye,
That slepen al the nyght with open ye   10
(So priketh hem nature in hir corages);
Thanne longen folk to goon on pilgrimages,
And palmeres for to seken straunge strondes,
To ferne halwes, kowthe in sondry londes;
And specially from every shires ende   15
Of Engelond to Caunterbury they wende,
The hooly blisful martir for to seke,
That hem hath holpen whan that they were seeke.

L: Allgemeine Literatur zu den me. Konsonanten: Mossé (1952: § 43 ff.),
Schlauch 1959; 1973: 14-18), Berndt (1960: 143-224), Brunner (1938;
1967: § 32-38), Fisiak (1968: 21 ff., 64 ff.), Prins (1972: 220 ff.).

1.3   T a b e l l e   d e r   G r a p h e m e   u n d   P h o n e m e

---

1. Vokalgrapheme

< a >	/á/	(2), (24)	shal, as
	/ā/	(11)	shame
	/au/	(21)	stanchen
< aa >	/ā/	(12)	debaat
< ai >	/ai/	(20)	paire
< au >	/au/	(20), (21)	laughter, dauncen
< aw >	/au/	(20)	slawen
< ay >	/ai/	(20)	sayde
< e >	/e/	(2), (24)	lesse, he
	/ē/	(11)	speken
	/Ē/	(11)	techen
	/ə/	(25)	stones
	/ø/	(28)	lore
< ee >	/ē/	(12)	tree
	/Ē/	(12)	yeer
< ei >	/ai/	(20)	seith
< eu >	/iu/	(20), (22)	seur
< ew >	/iu/	(20), (22)	newe
	/Ēu/	(20), (22)	shewen
< ey >	/ai/	(20)	seyn
< i >	/i/	(2), (24)	wit, it
	/ī/	(11)	I
	/dȝ/	(62) Fn.25	maiestee
< ie >	/ē/	(12) Fn. 5	chiere
< o >	/o/	(2), (24)	qod, of
	/u/	(3), (24)	love, whilom
	/ō/	(11)	fode
	/ɔ̄/	(11)	nose
< o > vor < gh >	/ū/	(13) Fn. 6	plogh
	/ou/	(20)	broghte
< oi >	/oi/	(20)	point
< oo >	/ō/	(12)	soone
	/ɔ̄/	(12)	hoom
< ou >	/ū/	(13)	honour
	/ou/	(20)	roulen
< ow >	/ū/	(13)	how
	/ou/	(20)	knowen
< oy >	/oi/	(20)	voys

< u >	/u/	(2), (24)	bush, us
	/iu/	(20), (22)	pure
< ui >	/iu/	(22)	fruit
< uw >	/iu/	(20)	huwe
< uy >	/iu/	(22)	conduyte
< y >	/i/	(3), (24)	synne, hym
	/ī/	(11)	wyse
	/j/	(74)	yonder

2. Konsonantengrapheme

< b >	/b/	(32)	body
< bb >	/b/	(34)	ebbe
< c >	/k/	(32)	cat
	/s/	(44)	cenyth
< cc >	/k/	(34)	accorde
	/ks/	(44)	accepte
	/s/	(47)	repleccioun
< cch >	/tʃ/	(63)	cacchen
< ch >	/k/	(32)	chorus
	/tʃ/	(62)	children
< cqu >	/kw/	(35)	acquite
< d >	/d/	(32)	dyen
< dd >	/d/	(34)	hadde
< f >	/f/	(42)	fals
< ff >	/f/	(47)	offre
< g >	/g/	(32)	galle
	/dʒ/	(62)	gentilesse
< gg >	/g/	(34)	dogge
	/dʒ/	(63)	logge
< gh >	/χ/	(49)	light
< gn >	/gn/	(37)	gnat
	/n/	(67)	resigne
< h >	/h/	(49)	hete
	/h/~/∅/	(57), (58)	habitacioun, his
< j >	/dʒ/	(62)	juge
< jh >	/dʒ/	(62, Fn.25)	Jhesus
< k >	/k/	(32)	king
< kk >	/k/	(34)	lakke
< kn >	/kn/	(37)	knowen
< l >	/l/	(69)	lioun
< ll >	/l/	(70)	elles

< m >	/m/	(65)	moste
< mb >	/mb/	(38)	comb
< mm >	/m/	(66)	lemman
< n >	/n/	(65)	noon
< nn >	/n/	(66)	mannes
< p >	/p/	(32)	procede
< ph >	/f/	(48)	phisik
< pp >	/p/	(34)	lappe
< qu >	/kw/	(35)	quyk
< r >	/r/	(69)	remembre
< rr >	/r/	(70)	arryve
< s >	/s/	(42)	suffren
	/z/	(42)	rosen
< sc >	/sk/	(33)	scape
	/s/	(45)	science
< sch >	/ʃ/	(50)	schulde
< sk >	/sk/	(33)	skile
< sh >	/ʃ/	(49)	sholde
< ss >	/s/	(47)	message
< ssch >	/ʃ/	(51)	nourysschinges
< ssh >	/ʃ/	(51)	parisshe
< t >	/t/	(32)	tyme
< th >	/θ/	(42)	thyng
	/ð/	(42)	lathe
< tt >	/t/	(34)	latter
< v >	/v/	(42)	venym
< w >*	/w/	(73)	world
< wh >	/ʍ/	(49)	which
< wl >	/wl/	(75)	wlatsom
< wr >	/wr/	(75)	wrastlen
< x >	/ks/	(36)	laxatif
< y >	s.Vokalgrapheme		
< z >	/z/	(43)	zeles
	/s/	(46)	servantz

*   siehe auch < aw, ew, ow, uw >.

2.1   B e t o n u n g

In diesem Abschnitt wird die Betonung der Einzelwörter behandelt. Der
Wechsel von betonten und unbetonten Silben in der Verszeile ist in
Abschnitt 2.2 besprochen.

2.1.1   Heimische Wörter und frühe Entlehnungen

Die aus dem Ae. überlieferten Wörter der Sprache Chaucers sind in der
Regel auf der ersten Silbe betont. Es handelt sich hier um die Stamm- oder
Wurzelsilbe der betreffenden Wörter. Von dieser Regelung sind sowohl die
ae. heimischen (westgermanischen) Wörter als auch die frühen Entlehnungen
aus dem Griechischen, Lateinischen und Skandinavischen betroffen.

(1)	*chirche*	*fredom*
	come	*hooly*
	felaweship[1]	*taken*

Vor die betonte Silbe kann jedoch ein unbetontes Präfix treten, sodass
nun nicht mehr die erste, sondern die zweite Silbe - wiederum die Stammsilbe - betont ist. Dies ist vor allem bei Verben der Fall (vgl. dazu
auch im Deutschen: '*laufen - zer'laufen*).

(2)	Me. (Chaucer)	Ne.	Me. (Chaucer)	Ne.
	arysen	*arise*	*forberen*	*forbear*
	bigeten	*beget*	*tomorwe*	*tomorrow*
	biside	*beside*	*withdrawe*	*withdraw*
	bygynneth	*begin*		

L: Schipper (1895: § 105-109), ten Brink (1920: § 273-279), Arnold/
Hansen (1968: 111-113). Vgl. auch die Angaben in 2.1.2.

---

1   In diesem Wort findet sich ein Nebenton auf der letzten Silbe:
'*felawe,ship*.

2.1.2 Französische Wörter

Die während der me. Zeit aus dem Frz. entlehnten Wörter entsprachen in der
Regel nicht dem heimischen Betonungsschema: Sie waren auf der letzten bzw.
vorletzten Silbe betont. Im Laufe des Me. wurde die Betonung in diesen
Wörtern nach vorne verschoben und dadurch dem englischen Betonungsmuster
angepasst (vgl. (1) und (2) oben). Eine Untersuchung der frz. Wörter in
der Sprache Chaucers zeigt, dass die gleichen Wörter sowohl endbetont
(nach frz. Vorbild) als auch mit vorverschobenem Akzent verwendet werden.

A 19: Stellen Sie die Betonung der kursiv gedruckten Wörter fest. Alle
      Zeilen sind als jambische Pentameter mit Auftakt zu lesen (vgl.
      unten 2.2.2), gelegentlich ist ein < -e > am Wortende zu elidieren.
      Vgl. Sie Ihre Ergebnisse mit den ne. Entsprechungen der betreffenden
      Wörter.

    1) And bathed every veyne in swich *licour* I 3
    2) Thanne longen folk to goon on *pilgrimages*,   I 12
    3) To speke of phisik and of *surgerye*, I 413
    4) And in his tyme swich a *conquerour, I 862*
    5) A *compaignye* of ladyes, tweye and tweye, I 898
    6) Of myn *honour*, that thus compleyne and crye? I 908
    7) That us *governeth* alle as in commune. VII 3000
    8) Youre wordes ful of *plesaunce* and humblesse, AA 248
    9) Of *honour*, and of parfit worthynesse. IX 124
   10) And to hire royal *paleys* she hire spedde, LGW 1096

Aus den Beispielen 1-4 der vorangegangenen Uebung können Sie erkennen, dass
Chaucer am Versende durchwegs die frz. Endbetonung verwendet. Die letzte
Silbe (z.B. lic'our, conque'rour), bzw. bei Wörtern mit einem End < -e >
oder einer Flexionsendung die vorletzte Silbe (surge'rye, pilgri'mages)
trägt den Hauptton.

Es sind vor allem zwei- und mehrsilbige aus dem Frz. übernommene
Substantiva, die Chaucer ans Versende stellt. Hierzu gehören vor allem die
Wörter mit den in (3) angeführten Suffixen.

        (3)   Suffix   Me. (Chaucer)

               -age   *mariage, corage, pilgrimage, dotage*
               -aunce   *governaunce, plesaunce, suffisaunce, usaunce*
               -ence   *reverence, sentence, eloquence, absence*
               -(n)esse *distresse, noblesse, bisynesse, derknesse*[2]
               -(i)oun   *devocioun, conclusioun, orisoun, resoun*
               -ye   *melodye, compaignye, ipocrisye, memorie*
               -(t)ure   *aventure, creature, mesure, figure*
               -tee   *majestee, adversitee, benignitee, roialtee*

---

2 Die Wörter auf -*nesse* sind germanischen Ursprungs, ebenso
   bitternesse in (8).

Für Wörter auf < -our > gelten die gleichen Betonungsregeln, doch finden sich diese Wörter öfter im Satzinneren als in Reimstellung.

(4) -our *honour, labour, senatour, traitour*

Im einzelnen können die folgenden Betonungstypen unterschieden werden:

TYP A:

Zweisilbige Wörter mit der Betonung auf der zweiten Silbe. Am Versende ist die zweite Silbe betont, im Versinneren die erste oder die zweite Silbe. Hierher gehören auch jene dreisilbigen Wörter, deren letzte Silbe /ə/ aufweist.

(5) TYP A: x / (x) → / x (x) Ne. / x

pi'te	*'pity*
honour	*honour*
comfort	*comfort*
servaunt	*servant*
co'rage	*'courage*
plesaunce	*pleasance*

Durch das Vorziehen des Akzents werden lange Endsilbenvokale gekürzt; die erste Silbe zweisilbiger Wörter kann hingegen gedehnt werden, bleibt jedoch in vielen Fällen kurz.

(6) Me. (Chaucer) Ne. Me. (Chaucer) Ne.

Me. (Chaucer)	Ne.	Me. (Chaucer)	Ne.
bacoun	*bacon*	*miteyn*	*mitten*
paleys	*palace*	*mirrour*	*mirror*
tresor	*treasure*	*comfort*	*comfort*
odour	*odor*	*nature*	*nature*
ryver	*river*	*mesure*	*measure*

In zweisilbigen Wörtern, die sich dem heimischen Typus mit Präfix wie in (2) anschliessen, erübrigt sich ein Vorziehen des Akzents.

(7) *accord*
     command
     desir

TYP B:

Dreisilbige Wörter mit dem Hauptton auf der letzten Silbe und einem Nebenton auf der ersten Silbe. Am Versende fällt die letzte Hebung auf die letzte Silbe. Die erste Silbe, auf die der Nebenton fällt, entspricht der vorletzten Hebung der Zeile, die meist schwächer betont ist. Im Versinneren fallen die beiden zu betonenden Silben ebenfalls auf zwei Hebungen, doch trägt hier häufig die erste Silbe den Haupt-, die dritte den Nebenton.

Diese Betonung nehmen manche Autoren auch für das Versende an. Hierher sind auch die viersilbigen Wörter mit unbetonter letzter Silbe zu stellen.

(8)   TYP B: \ x / (x) → / x \ (x)   Ne. / (x) x

,majes'tee   'majesty
conquerour   conqueror
mencioun   mention[3]
pilgrimage   pilgrimage
ordinaunce   ordinance
excellence   excellence
bitternesse   bitterness
melodye   melody

In vielen viersilbigen Wörtern wird die erste Silbe jedoch als Präfix angesehen und ist im Ne. unbetont. Vgl. oben (2) und (7).

(9)   Me. (Chaucer)   Ne.

\ x / (x) → / x \ (x)   x / x

,remem'braunce   re'membrance
alliaunce   alliance
conjecture   conjecture

TYP C:

Viersilbige Wörter mit dem Haupton auf der letzten und einem Nebenton auf der zweiten Silbe. Am Versende trägt in der Regel die letzte, reimtragende Silbe den Haupton, die zweite Silbe den Nebenton. Im Versinneren kann der Haupton auf die zweite, der Nebenton auf die letzte Silbe fallen. Hierher sind auch die fünfsilbigen Wörter mit unbetonter letzter Silbe zu stellen.

(10)   TYP C: x \ x /(x) → x / x \ (x)   Ne. x / x x

ad,versi'tee   ad'versity
embassadour   ambassador
magnificence   magnificence
discomfiture   discomfiture
ipocrisye   hypocrisy

Die zu diesem Typ gehörenden Wörter auf < -ioun > sind im Ne. dreisilbig mit der Betonung auf der zweiten Silbe. Vgl. Fussnote 3.

(11)   Me. (Chaucer)   Ne.

x\ x / → x / x \   x / x

con,fessi'oun   con'fession
illusioun   illusion
condicioun   condition

---

3   Die Endung < -ioun > wird im Ne. kontrahiert. Vgl. auch (11).

TYP D:

Fünfsilbige Wörter mit dem Hauptton auf der letzten Silbe. Die erste und dritte Silbe stehen im Vers in einer Hebung und haben daher einen Nebenton. Der Hauptton wird im Ne. auf die Stelle des zweiten Nebentons vorgezogen. Der erste Nebenton bleibt erhalten. In Wörtern auf < -cioun > = /siu:n/ wird die Endung zu /ʃən/ gekürzt (vgl.(11)).

(12)   TYP D: \ x \ x /   Ne.\ x / x (x)

,mutabili'tee   ,muta'bility
dominacioun   domination

A 20: Stellen Sie die Betonungstypen der folgenden Wörter fest. Vergleichen Sie diese Wörter auch mit ihren ne. Entsprechungen und beachten Sie auch die Entwicklung der Vokale.

1)	*concupiscence*	6)	*harlotrye*	11)	*resistence*
2)	*congregacioun*	7)	*hostage*	12)	*satisfaccioun*
3)	*confusioun*	8)	*obeisance*	13)	*torment*
4)	*discord*	9)	*prisoun*	14)	*usage*
5)	*fugitiv*	10)	*rebellioun*		

L:1. Zur Betonung: Schipper (1895: § 110-112), ten Brink (1920: § 280-292), Learned (1922), Danielsson (1948), Berndt (1960: 78-82), Pinsker (1969: § 45), Halle/Keyser (1971: 87-109). Gegen die Annahme einer variablen Betonung wendet sich Robinson (1971: 109-131). Für das Ne. vgl. Arnold/Hansen (1968: 113-117), Gimson (1980: 226 ff.), Halle/ Keyser (1971: 1 ff.), Standop (1972).

  2. Zur Vokalquantität: Berndt (1960: 82-96), Fisiak (1968: 73-75).

2.2   M e t r u m

Fast sämtliche Dichtungen Chaucers sind in vier- oder fünfhebigen Verszeilen[4] verfasst. Beide Verstypen sind durch einen regelmässigen Wechsel von betonten und unbetonten Silben (Hebungen und Senkungen) gekennzeichnet. Im Anschluss an die Darstellung der beiden Grundtypen folgen Abschnitte über Inversion, Zäsur, Enjambement und Betonungsabstufung.

---

4   Die vierhebige Verszeile wird auch Kurzzeile genannt, englisch *four-stress, four-beat, short, octosyllabic, iambic tetramter line.* Die fünfhebige Verszeile oder Langzeile heisst auf Englisch *five-stress, five-beat, heroic, decasyllabic* oder *iambic pentameter line.*

2.2.1   Der vierhebige Vers

Beschreibung

Der vierhebige Vers ist das ältere Versmass und wird von Chaucer in grösserem Ausmass nur in BD und HF verwendet. In den CT finden sich vierhebige Zeilen auch im *Sir Thopas* (neben dreihebigen Zeilen). Die Chaucer zugeschriebene Uebersetzung des Rosenromans ist ebenfalls in vierhebigen Zeilen verfasst.

(13)   Grundschema: $(x)^5$ / x / x / x / $(x)^6$

Der vierhebige Vers weist somit zwischen 7 und 9 Silben auf.

Beispiele

Nach dem Grundschema (13) ergeben sich die folgenden Möglichkeiten:

```
(14) stumpf, mit Auftakt: I have⁷ gret wonder, be this lyght, BD 1
                          x  /    x   / x   /    x   /

     stumpf, ohne Auftakt: Such a lust anoon me took   BD 273
                           /  x  /  x   /   x  /

     klingend, mit Auftakt: Nat longe tyme to endure   BD 20
                            x  /  x  / x  / x / x

     klingend, ohne Auftakt: Such a tempest gan to rise  BD 70
                             /  x  /  x   /   x / x
```

Die Betonung in den als Hebung angegebenen Silben ist selbstverständlich unterschiedlich stark. Ueber die Verteilung von schwächerer und stärkerer Betonung vgl. 2.2.6.

A 21: Versuchen Sie eine metrische Analyse der folgenden Zeilen:

> This egle, of which I have yow told,
> That shon with fethres as of gold,
> Which that so hye gan to sore,
> I gan beholde more and more,
> To se the beaute and the wonder;
> But never was ther dynt of thonder,
> Ne that thyng that men calle fouder,
> That smote somtyme a tour to powder,
> And in his swifte comynge brende,
> That so swithe gan descende
> As this foul, when hyt beheld
> That I a-roume was in the feld;   HF 529-540

---

5   Die erste unbetonte Silbe (der Auftakt) kann auch fehlen.

6   Die Verse enden entweder mit einer Hebung (stumpf, männlich) oder mit einer Senkung (klingend, weiblich).

7   Das < -e > ist zu elidieren, vgl. dazu 2.3.1.1.

L: Schipper (1895: § 118-122), ten Brink (1920: § 294-301), Baum (1961: 27-33), Raith (1962: § 6-12, § 76 ff.).

2.2.2 Der fünfhebige Vers

Beschreibung

Der fünfhebige Vers ist Chaucers am meisten verwendetes Versmass. Es findet sich zuerst in *Complaint unto Pity*, dann in AA, LGW, TC, dem grössten Teil der CT und in einigen kleineren Gedichten.

(15) Grundschema: $(x)^8$ / x / x / x / x / $(x)^9$

Die fünfhebige Zeile weist somit zwischen 9 und 11 Silben auf.

Beispiele

Nach dem Grundschema (15) ergeben sich die folgenden Möglichkeiten:

(16) stumpf, mit Auftakt:

And in his tyme swich a conquerour,   I 862
x / x / x / x / x /

stumpf, ohne Auftakt:

Take^{10} upon me moore than ynogh,   I 3160
/ .   x / x / x / x /

klingend, mit Auftakt:

And al his hoost in armes hym bisyde,   I 874
x / x / x / x / x / x

klingend, ohne Auftakt:

Cristes owene werkes for to wirche,   I 3308
/ x / . x / x / x / x

A 22: Versuchen Sie eine metrische Analyse der folgenden Zeilen:

Departed of his norice, on a day
This markys caughte yet another lest
To tempte his wyf yet ofter, if he may.
O nedelees was she tempted in assay!
But wedded men ne knowe no mesure,
Whan that they fynde a pacient creature.   CT IV 618-623

L: Schipper (1895: § 143-148), ten Brink (1920: § 302-304), Baum (1961: 13-27), Raith (1962: § 6-12, § 89 ff.), Halle/Keyser (1971: 164-180).

---

8 Verse ohne Auftakt sind viel seltener als Verse mit Auftakt.

9 Die Verse sind stumpf oder klingend, vgl. o. (13), Fussnote 6.

10 Das < -e > ist zu elidieren, vgl. 2.3.1.1.

2.2.3 Inversion

Während es sich bei Versen ohne Auftakt um einen Ausfall der ersten
Senkung handelt, liegt in anderen, auf den ersten Blick ähnlichen Fällen
bloss eine Umstellung der ersten Hebung und Senkung vor[11]. In diesen
Fällen folgen auf die verseinleitende Hebung zwei Senkungen:

$$x \ / \ x \ / \ x \ / \ x \ / \ x \ / \ (x) \rightarrow \ / \ x \ x \ / \ x \ / \ x \ / \ x \ / \ (x)$$

(17) Bright was the sonne and cleer that morwenynge,   I 1062
  /   x   x   /   .   x   /   x   x / (x)

Greet was the strif and long bitwix hem tweye,   I 1187
  /   x   x   /   x   /   x   /   x   / (x)

Die Inversion kommt besonders häufig im ersten Fuss vor. In anderer
Stellung ist sie dagegen seltener zu finden, doch ist im Einzelfall damit
zu rechnen, wenn der Sinn des Textes dies nahelegt. In der dritten Hebung
findet sich die Inversion gelegentlich nach einer Zäsur (2.2.4) nach der
zweiten Hebung (der vierten Silbe).

(18) I vowe to God, thou hast a ful fair skyn;   VII 1932
  x / . x / // / x x / / /

L: Schipper (1895: § 80), Danielsson (1948: 449 f.), Baum (1961: 16 f.),
  Robinson (1971: 151 f.). Robinson (1971: 109-131) nimmt häufig
  Inversion an, wo sonst verschiedene Betonung (*'honour - ho'nour*)
  angenommen wird.

2.2.4 Zäsur

In der Regel kann beim fünfhebigen Vers eine Zäsur festgestellt werden, die
nach der 2. - 7. Silbe zu liegen kommt. Die Zäsur liegt am häufigsten nach
der 4. Silbe (wie im frz. Zehnsilber), kommt aber auch in den anderen
Stellungen vor.

(19) Position

2 Whilom, // as olde stories tellen us,   I 859

3 And certes, // if it nere to long to heere,   I 875

4 A riche gnof, // that gestes heeld to bord,   I 3188

5 This clerk was cleped // hende Nicholas.   I 3199

6 "Ye moste been ful deerne, // as in this cas." I 3297

7 Lyk to the skyn of houndfyssh, // sharp as brere -
  IV 1825

---

11 Neben 'Inversion' finden Sie die Bezeichnung 'Taktumstellung',
  englisch *trochaic inversion* oder *substitution, stress shift*.

In anderen Versen finden sich zwei deutliche Zäsuren:

> (20) "Now John,"⫽quod Nicholas,⫽"I wol nat lye;   I 3513
>
> This world,"⫽he seyde,⫽"in lasse than an hour   I 3519

Bei anderen Versen ist es schliesslich schwierig, überhaupt eine Zäsur festzustellen. Verse ohne Zäsur sind z.B.:

> (21) He wol his firste purpos modifye.   I 2542
>
> Ne no man shal unto his felawe ryde   I 2548

A 23: Stellen Sie Inversion und Zäsuren im folgenden Textstück fest:

> "Nay," quod this Monk, "I have no lust to pleye.
> Now lat another telle, as I have toold."
> Thanne spak oure Hoost with rude speche and boold,
> And seyde unto the Nonnes Preest anon,
> "Com neer, thou preest, com hyder, thou sir John!
> Telle us swich thyng as may oure hertes glade.
> Be blithe, though thou ryde upon a jade.
> What thogh thyn hors be bothe foul and lene?
> If he wol serve thee, rekke nat a bene.
> Looke that thyn herte be murie everemo."   VII 2806-2815

L: ten Brink (1920: § 305-11), Baum (1961: 73-77), Raith (1962:
     § 13), Robinson (1971: 153-156).

2.2.5 Enjambement und Reimbrechung

Häufig fällt das Zeilenende und das semantische (inhaltliche) und syntaktische Ende einer Konstruktion (eines Satzes) zusammen.

> (22) Up spryngen speres twenty foot on highte;
> Out goon the swerdes as the silver brighte;
> The helmes they tohewen and toshrede:
> Out brest the blood with stierne stremes rede;
> With myghty maces the bones they tobreste.
> He thurgh the thikkeste of the throng gan threste;
> Ther stomblen steedes stronge, and doun gooth al;
> He rolleth under foot as dooth a bal;
> He foyneth on his feet with his tronchoun,
> And he hym hurtleth with his hors adoun;   I 2607-2616

In vielen Fällen liegt jedoch ein Enjambement[12] vor. Ein Satz, der in einer Zeile beginnt, wird in der nächsten Zeile fortgesetzt:

> (23) Yspared him for his fadres sake, he sholde
> Have lost his regne rather than he wolde.   IV 2301/2
>
> And over al this yet seyde he muchel moore
> To this effect, ful wisely to enhorte   I 2850/1

---

12 Enjambement, dt. auch 'Uebergreifen', englisch *enjambement, run-on-
    lines, overflowing.*

Selbstverständlich kann sich ein Satz(gefüge) auch über mehrere Zeilen erstrecken:

(24) He looketh up and doun til he hath founde
       The clerkes hors, ther as it stood ybounde
       Bihynde the mille, under a levesel;   I 4059-4061

Enjambements können vom syntaktischen Standpunkt aus verschieden klassifiziert werden. In einer Untersuchung von BD hat Masui (1964: 199 ff.) u.a. folgende Typen festgestellt:

(25)

Ende der 1. Zeile	Beginn der 2. Zeile
1.) Subjekt	Prädikat
2.) Antezedens	Relativsatz
3.) Verb	*to* + Infinitiv
4.) Adverb	Subjekt, Prädikat
5.) Subjekt, Prädikat	Adverb
6.) Subjekt, Prädikat	Objekt
7.) Auxiliar	Verb
8.) Verb	Präpositionalphrase
9.) Nomen	*and*+Nomen
Adjektiv	*and*+Adjektiv
Verb	*and*+Verb
10.) Nomen	*of* + Nomen
11.) Attribut	Nomen

Fällt das Ende einer syntaktischen Einheit nicht mit dem zweiten Vers eines Reimpaares zusammen, sondern liegt am Ende der ersten Zeile, so spricht man von 'Reimbrechung'. Bekannte Beispiele finden sich im Prolog zu den CT bei der Einführung einiger neuer Pilger:

(26) This worthy lymytour was cleped Huberd.
       A MARCHANT was ther with a forked berd,   I 269/270

       For blankmanger, that made he with the beste.
       A SHIPMAN was ther, wonynge fer by weste; I 387/388

A 24: Bestimmen Sie Versmass, Metrum und Enjambements im folgenden Textstück:

       Ther saugh I such tempeste aryse,
       That every herte myght agryse
       To see hyt peynted on the wal.
       Ther saugh I graven eke withal,
       Venus, how ye, my lady dere,
       Wepynge with ful woful chere,
       Prayen Jupiter on hye
       To save and kepe that navye
       Of the Troian Eneas,
       Syth that he hir sone was. HF 209-218

A 25: Geben Sie eine syntaktische Beschreibung der folgenden Enjambements aus der *Physician's Tale*:

    1) For Nature hath with sovereyn diligence
       Yformed hire in so greet excellence,   VI 9/10

    2) In hire ne lakked no condicioun
       That is to preyse, as by discrecioun.   VI 41/42

    3) For al to soone may she lerne loore
       Of booldnesse, whan she woxen is a wyf.   VI 70/71

    4) A theef of venysoun, that hath forlaft
       His likerousnesse and al his olde craft,   VI 83/84

    5) Of alle tresons sovereyn pestilence
       Is whan a wight bitrayseth innocence.   VI 91/92

L:1. Zum Enjambement: Schipper (1895: § 84), ten Brink (1920: § 314-317),
     Raith (1962: § 22), Masui (1964: § 106-120).

  2. Zur Reimbrechung: Schipper (1895: § 85), Kaluza (1919: 209), Masui
     (1964: § 121 f.).

2.2.6   Betonungsabstufung

Es können zwar alle 5 Hebungen einer Zeile ungefähr gleich stark betont
sein, häufiger ist jedoch bei einer oder auch bei mehreren Hebungen eine
deutliche Abschwächung der Betonung anzunehmen. Mit derartigen schwächer
betonten Hebungen ist in allen Stellungen der Verszeile zu rechnen, in
der letzten Hebung freilich nur bei mehrsilbigen Wörtern mit einem Nebenton
auf der letzten, bzw. vorletzten Silbe.

    (27) Position der schwachen Betonung

        1 That *of* this mordre wiste, and that anon.   VII 630
           Up*on* this beere ay lith this innocent   VII 635

        2 With torment *and* with shameful deeth echon   VII 628
           Han sped hem *for* to burien hym ful faste;   VII 638

        3 As monkes been - or *elles* oghte be -   VII 643
           But Jesu Crist, as *ye* in bookes fynde,   VII 652

        4 This provost dooth thise Jewes *for* to sterve VII 629
           He nolde no swich cursed*nesse* observe.   VII 631

        5 The covent eek lay on the pave*ment*[13]   VII 677
           She frayneth and she preyeth pitous*ly*   VII 600

Eine genaue Analyse der Beispiele in (27) zeigt, dass pro Zeile nicht
immer nur mit einer einzigen schwächer betonten Hebung zu rechnen ist.
Immer wieder finden sich auch zwei oder drei schwächer betonte Hebungen.

---

13 Die Betonung drei- und mehrsilbiger frz. Wörter am Versende ist
    umstritten, vgl. o. 2.1.2 (8)-(12), wo für das Versende in Typ B-D
    volle Betonung angenommen wurde.

（28） And *for* the worship *of* his Mooder deere   VII 654
        And *he* yaf up the goost *ful* soft*ely*.   VII 672

Die Betonungsabstufung hängt vom Inhalt der Zeilen ab. In der Regel werden
daher auch Formwörter, wenn sie in Hebungen stehen, geringer betont sein
als semantisch bedeutungstragende Wörter. Mit schwächerer Betonung ist
daher u.a. bei folgenden Wortarten zu rechnen: Personalpronomina,
Possessivpronomina, Präpositionen, Auxiliare (vor allem die Kopula *be*),
Konjunktionen, Wörter mit der Endung *-ly*, mehrsilbige Wörter mit Nebenton,
Adverbia.

A 26: Bestimmen Sie die Hebungen im folgenden Textstück und geben Sie
      an, welche Wörter, die in Hebungen vorkommen, Ihrer Meinung nach
      keine volle Betonung aufweisen.

      The swetnesse hath his herte perced so
      Of Cristes mooder that, to hire to preye,
      He kan nat stynte of syngyng by the weye.

      Oure firste foo, the serpent Sathanas,
      That hath in Jues herte his waspes nest,
      Up swal, and seide, "O Hebrayk peple, allas!
      Is this to yow a thyng that is honest,
      That swich a boy shal walken as hym lest
      In youre despit, and synge of swich sentence,
      Which is agayn youre lawes reverence?"   VII 555-564

L: Berndt (1960: 227 f.), Baum (1961: 13-15).

2.3   R h y t h m u s

Unter Rhythmus ist der in 2.1 und 2.2 beschriebene regelmässige Wechsel
von betonten und unbetonten Silben zu verstehen. Chaucer bedient sich
einer Reihe von Mitteln um dieses Ziel zu erreichen, von denen hier nur
eine kleine Auswahl angeführt werden kann.

2.3.1   Phonetische Mittel

2.3.1.1 Elision: Apokope

Unter Elision ist hier der Ausfall eines Phonems zu verstehen. Es kann sich
um Phoneme am Wortende handeln (Apokope) oder um Phoneme im Wortinneren
(Synkope). In der Sprache Chaucers ist von dieser Erscheinung in erster
Linie das am Wortende stehende < -e > (Phonem / -ə /) betroffen, und zwar
sowohl bei Wörtern im Zeileninneren als auch am Zeilenende. Betrachten wir
zunächst die Fälle im Zeileninneren. Durch Elision eines / -ə /, namentlich
vor Vokal oder /h/ des folgenden Wortes, kann der regelmässige Wechsel von
betonten und unbetonten Silben gesichert werden.

(29) And seyde he dide al this at hir requeste.   IV 185

      Of hire entente, and hoom agayn they wende.   IV 189

Bei den Personalpronomina *we, he, she, me, ye, thee* kommt es in der Regel
zu keiner Apokope, während beim bestimmten Artikel *the* von dieser Möglich-
keit je nach Bedarf Gebrauch gemacht wird; ebenso findet sich auch gelegentlich Apokope bei der Negationspartikel *ne*. Nicht hierher zu stellen
sind übliche Fälle der Verschmelzung von *ne* mit dem folgenden Verb
(*ne is > nis, ne was > nas, ne wolde > nolde*, usw.), die sich auch in
der Prosa Chaucers findet.

(30) Ohne Elision:

      "I se," quod *he*, "as wel as evere I myghte,   IV 2384

      That *she* may dyen, but *she* of it have."   IV 2337

      Do strepe *me* and put *me* in a sak,   IV 2200

      How that *ye* entren into mariage,   IV 1556

      O Januarie, what myghte it *thee* availle,   IV 2107

      And spheketh of Appennyn, *the* hilles hye,   IV 45

      Ne in Ytaille, that koude bet han sayd!   IV 1511

      Mit Elision:

      The adversitee of Fortune al t'endure,   IV 756

      This noble knyght, this Januarie *the* olde,   IV 2042

      Ne of Turnus, with the hardy fiers corage,   I 1945

Zum Teil ist die Elision bereits im Schriftbild durchgeführt. Dies gilt
insbesondere für die Apokope von /ə/ in *to*, findet sich aber auch bei *the*.

(31) Mit Elision:

      This merveillous desir his wyf *t'assaye*;
      Nedelees, God woot, he thoghte hire for *t'affraye*. IV 454/5

      With evene herte I rede yow *t'endure*   IV 811

      To his estaat so lowe for *t'alighte*,   IV 909

      Of children, to *th'onour* of God above,   IV 1449

      Th'experience so preveth every day   IV 2238

      Ohne Elision:

      To eten of the smale peres grene.   IV 2333

Die Apokope ist in den Beispielen (30) und (31) jeweils an die Stellung vor
Vokal oder /h/ gebunden. Bei anderen Wörtern findet sich Apokope des / - ə/
jedoch auch häufig vor Konsonant.

```
(32)   That oother sone was cleped Cambalo.
       A doghter hadde this worthy kyng also,      V 31/32
```

Am Zeilenende ist die Elision von auslautendem / -ə / eng mit der Frage verknüpft, ob die Mehrzahl der Chaucerschen Verszeilen klingend oder stumpf enden (vgl. (13) - (16)). Prinzipiell ist es möglich das End< -e> am Versende zu lesen oder nicht zu lesen, und es sind auch für beide Standpunkte Argumente vorgebracht worden. Für eine Aussprache des End< -e>, wie sie bisher in allen in diesem Kapitel skandierten Zeilen angenommen wurde, sprechen u.a. einzelne Reime. Die am häufigsten in diesem Zusammenhang vorgebrachte Stelle ist im Prolog der CT zu finden, wo *Rome* einmal mit *to me* reimt:

```
(33)   That streight was comen fro the court of Rome.
       Ful loude he soong "Com hider, love, to me!"14    I 671/2
```

Für die Aussprache des End< -e>, spricht auch, dass die Reimwörter zu *Emelye* (in der Knight's Tale) durchwegs Wörter mit End< -e> sind und naheliegende Reime auf *-ly* nicht vorkommen.

```
(34)   And eek hir yonge suster Emelye.
       And thus with victorie and with melodye      I 871/2
```

Ebenso ist der Name des männlichen Protagonisten in der Knight's Tale *Arcite* nur mit Wörtern mit End< -e> im Reim zu finden, nicht aber mit Wörtern auf [-i:t] wie *despit, delit oder appetit*.

```
(35)   This Palamon and his felawe Arcite
       For everemoore; ther may no gold hem quite.    I 1031/32
```

Keine Apokope findet sich in den - meist im Reim gebrauchten - Wörtern mit Endbetonung auf < -(t)ee > (vgl. oben (3)). Die Graphemfolge < ee > steht hier für / $\bar{e}$ /.

```
(36)   Whan that they fynden any adversitee
       In love, which nys but childyssh vanytee.     IV 1275/76

       Which purpos was plesant to God, seyde he,
       And verray ground of his prosperitee.         IV 1621/22
```

L:1. Die Literatur zur Frage der Aussprache des End< -e > ist sehr gross.
     Einen Ueberblick geben Mustanoja (1968: 65-67) und Elliott (1974:
     22-29).

---

14   Vgl. auch die Reime *pa me - blame*, I 3709/10, und *tyme - by me*
     VIII, 1204/5. Ueblicherweise reimt *me* mit einsilbigen Wörtern
     (*be, he, she, see*...) oder mit mehrsilbigen Wörtern, die Endbe-
     tonung aufweisen (*adversitee, degree, prosperitee*).

Gegen die Aussprache des End<-e> wendet sich vor allem Southworth (1947), (1949), (1954), (1962) und in modifizierter Form I.Robinson (1971: 82-108), vgl. insbesondere die Argumentation zu den Reimen *Rome-to me* 87 ff. Für die Aussprache des End<-e>, wie sie im wesentlichen hier vertreten wurde, argumentieren Donaldson (1948), (1949), F.N. Robinson (1957: xxxv-vi), Baum (1961: 17 ff.); Conner (1974) tritt im wesentlichen ebenfalls für die Aussprache des End<-e>, /ə/, ein; er vertritt die Ansicht, dass alle Konsonanten am Wortende von einem Schwa-Laut gefolgt sind ("a vowel-like sound.... which was so conspicuous that it could serve as a weak syllable between stronger syllables" p.72), der die Zahl der potentiellen Silben pro Zeile beträchtlich erhöht. Die meisten dieser zusätzlichen Silben werden bei der Skandierung getilgt. Am Zeilenende erhöht sich die Zahl der klingenden (weiblichen) Reime.

Zur Apokope vgl. auch Bihl (1916: § 15c, e, h), ten Brink (1920: § 261), Kökeritz (1961: 18 f.).

2. Zu (34) und (35) vgl. Bateson (1975:12) jedoch mit falschen Zahlenangaben. Es finden sich 28 Belege für *Emelye*, 20 Belege für *Arcite*, zu denen noch 7 Belege in AA kommen, wo sogar Mehrfachreime öfter belegt sind. In der Knight's Tale finden sich 13 Adverbia auf *-ly* 19 mal im Reim.

2.3.1.2 Elision: Synkope

Synkope eines /-ə-/ findet sich vor allem in einer Reihe von Flexionsendungen sowie in Wörtern, in denen < e > vor Liquiden oder Nasalen steht, wie z.B. in *fader*, *water*, *cancel*, *riden*, *geten*. Besonders häufig ist /-ə-/ in *every* und *nevere* zu elidieren. Manchmal ist diese Art der Elision im Schriftbild festgehalten, sodass es zu Doppelformen kommen kann: *maydens ~ maydenes*.

(37) Flexionsendungen:

Ther is no wight that *hereth* it but we tweye.	IV 476
She *kepeth* his good, and wasteth never a deel;	IV 1343
An yet, God woot, my *neighebores* aboute,	IV 1549
Wel *loved* he by the morwe a sop in wyn;	I 334

(38) Andere Wörter:

"Whiche that my *fader* in his prosperitee	VII 2195
Arcite is *riden* anon unto the toun,	I 1628
With frankeleyns *over* al in his contree,	I 216
My child and I, with *hertely* obeisaunce,	IV 502

A 27: Stellen Sie sämtliche Fälle möglicher Elision fest:

If that he faught, and hadde the hyer hond,	
By water he sente hem hoom to every lond.	
But of his craft to rekene wel his tydes,	
His stremes, and his daungers hym bisides,	
His herberwe, and his moone, his lodemenage,	
Ther nas noon swich from Hulle to Cartage.	I 399-404

L: ten Brink (1920: § 260), Bihl (1916: § 8-12), Baum (1961: 20).

2.3.1.3 Synizese

Vokalfolgen in romanischen Wörtern, deren erster Teil < i > ist, wie
<-ia-, -iau-, -ie-, -iou->, gelten in der Regel als zweisilbig, z.B. in
mari-age, alli-aunce, sci-ence, confessi-oun.

In manchen Fällen verlangt der regelmässige Wechsel von Hebung und
Senkung jedoch, dass diese Kombinationen einsilbig gelesen werden. Man
vgl. dazu im folgenden Beispiel die Endung von *precious* (zweisilbig)
gegenüber *glorious* (einsilbig):

      (39)   The myghty trone, the precious tresor,   VII 2143
               x / x / · x / x \ x /

             The glorious ceptre, and roial magestee   VII 2144
               x / x / · x / x \ x /

Durch Synizese kann in Ableitungen auf < -ly> die Silbenzahl der be-
troffenen Adjektiva gleich gross gehalten werden: *special > specially,
curious > curiously* sind alle dreisilbig.

      (40)   Amonges othere thynges, specially,
             Thise marchantz han hym toold of dame Custance
             So greet noblesse in ernest, seriously, II 183-185

Am Zeilenende gilt zur leichteren Reimbildung in der Regel die volle Form,
während im Zeileninneren von beiden Möglichkeiten Gebrauch gemacht ist.
Wie Sie aus (39) ersehen können, richten sich attributive Adjektiva nach
der Betonung der folgenden Substantiva. Vor einer Zäsur ist eher mit der
vollen Form zu rechnen.

      (41)   That weren of lawe expert and curious,   I 577
             Of herbes precioue and fyne of hewe,   V 640

L: ten Brink (1920: § 265), Bihl (1916: § 16a-f), Raith (1962: § 15).

2.3.2   Syntaktische Mittel

Von der grossen Anzahl der syntaktischen Mittel kann hier nur eine kleine
Auswahl von Erscheinungen vorgeführt werden, die sich besonders häufig
finden. Man vergleiche auch den Abschnitt 2.4.2.

L: Zum ganzen Abschnitt vgl. Bihl (1916), Mustanoja (1968: 64 ff.).

2.3.2.1 Personalpronomina
Demonstrativpronomina   + Eigennamen
Artikel

Die Setzung eines Personalpronomens der 3. Person vor einem Eigennamen

ergibt eine zusätzliche Silbe in der Verszeile. Die Funktion des Pro-
nomens ist demonstrativ, und kann dt. manchmal mit 'dieser (gut bekannte)'
wiedergegeben werden oder auch unübersetzt bleiben.

> (42) Ful ofte tyme he Pluto and his queene,   IV 2038
>   And slow hym Olofernus, whil he slepte.   IV 1368
>   Of whiche he Theofraste is oon of tho.   IV 1294

Die Setzung eines Demonstrativpronomens vor einem Eigennamen dürfte in
vielen Fällen die Bedeutung der Fügung ebenfalls wenig verändert haben.
Aufgrund seiner Betonung kann z.B. der Name *Absolon* (/ x \ ) nicht an
erster Stelle in der Verszeile stehen. Das gleiche gilt für *Troilus*.
Während sich am Zeilenanfang daher häufig *This Troilus* findet, ist
This Criseyde nicht möglich.

> (43) This Absolon gan wype his mouth ful drie.   I 3730
>   This Troilus is clomben on the staire.   TC I, 215
>   Criseyde aros, no lenger she ne stente,   TC II, 598

Auch der bestimmte Artikel kann in der Umgebung von Eigennamen je nach den
Bedürfnissen des Metrums gesetzt werden.

> (44) Alla the kyng comth hoom soone after this   II 876
>   How Alla kyng shal comen in pilgrymage,   II 996

Auch vor anderen Wörtern können metrische Gründe die Setzung bzw. Aus-
lassung des bestimmten Artikels beeinflussen.

L:1. Zum Personalpronomen: Bihl (1916: § 185), Mustanoja (1960: 135 f.),
     Kerkhof (1982: § 278).

  2. Zum Demonstrativpronomen: Mustanoja (1960: 174 f.), Fries (1968:
     209-215), Kerkhof (1982: § 574).

  3. Zum Artikel: Bihl (1916: § 154-168), Mustanoja (1960: 231, 234 f.),
     Kerkhof (1982: § 661-711).

2.3.2.2 Reiner Infinitiv und Infinitiv mit 'to' oder 'for to'

Die Setzung von *to* oder *for to* scheint weitgehend vom Rhythmus der Zeile
abhängig zu sein, wie das bekannte Beispiel vom Anfang der CT zeigt:

> (45) Thanne longen folk to goon on pilgrimages,
>   And palmeres for to seken straunge strondes, I 12/13

Auch der Wechsel von Infinitiven mit *(for) to* und reinen Infinitiven
(ohne *to* oder *for to*) in sonst gleichen Konstruktionen wird auf die Not-
wendigkeit des Rhythmus zurückgeführt. Hierher gehören u.a. der Infinitiv
als Objekt nach Verben wie *bidden, bisechen, ginnen, helpen, hopen,*

lernen, maken, menen, preien, semen, suffren, techen und *wenen*.

```
(46)  And that the floures gynnen for to sprynge,   LGW 38
      For whan thyne hornes newe gynnen sprynge,    TC V, 657
      Help us to scape, or we been dede echon!      I 3608
      To helpen him bere up the charge,             HF 1439
```

L: Bihl (1916: § 255-263), Mustanoja (1960: 512-546), Kerkhof (1982: § 142-189).

2.3.2.3 Pleonastisches 'that'

Je nach den Erfordernissen des Rhythmus kann *that* nach den Relativpronomina und nach verschiedenen Konjunktionen gesetzt werden, ohne dass dadurch eine wesentliche Bedeutungsänderung auftritt. Man beachte u.a. die folgenden Paare:

```
althogh   -   althogh that
but       -   but that
er        -   er that
how       -   how that
if        -   if that
though    -   though that
til       -   til that
whan      -   whan that
which     -   which that
whom      -   whom that
why       -   why that
```

```
(47)  Er any word cam fram his wise brest,        I 2983
      Er that I ferther in this tale pace,        I 36
      He knew ful wel how fer Alnath was shove    V 1281
      That no man wondred how that he it hadde.   I 1445
      Til they the reynes of his brydel henten.   I 904
      Til that he cam to Thebes and alighte       I 983
      To love my lady, whom I love and serve,     I 1143
      Oonly the sighte of hire whom that I serve, I 1231
```

L: Eitle (1914), Bihl (1916: § 195, § 227a), Kivimaa (1966).

2.3.2.4 Die Pronomina auf '-self/-selve'

Als emphatische Personalpronomina können die Formen mit *-self/-selve(n)* allein verwendet werden oder zum einfachen Personalpronomen hinzutreten. Auch die Wahl der einsilbigen Form *-self* oder der zweisilbigen *-selve(n)* beeinflusst den Rhythmus der Verszeile.

```
(48)  A MAUNCIPLE, and myself - ther were namo.   I 544
      I wol myselven goodly with yow ryde,        I 803
      I shal myself to herbes techen yow          VII 2949
```

Als Reflexivpronomina wechseln die Formen auf *-self/-selve(n)* mit den einfachen Personalpronomina.

> (49) That nedes cost he moot hymselven hyde;   I 1477
> That in that grove he wolde hym hyde al day, I 1481

L: Bihl (1916: § 143), Kerkhof (1982: § 458 ff.).

2.3.2.5 Anredeform

In der Anredeform ist bei manchen Wörtern häufig das Possessivpronomen *my/oure* vorangestellt: *my lord* neben *Lord*! Hierher gehören Wörter wie *lord, maister, brother, suster, fader, mooder*. Das Possessivpronomen kann auch gelegentlich nachgestellt sein; wie in *brother myn* neben *my brother*.

Auch das Personalpronomen *thou/ye* kann vor diesen Wörtern in der Anrede verwendet werden, insbesondere dann, wenn *my* nicht üblich ist, wie vor *Sir*.

Schliesslich finden sich in der Umgebung von Anreden häufig Ausrufpartikel wie *a, o*, die ebenfalls den Versrhythmus beeinflussen.

> (50) But be nat wrooth *my lord*, though that I pleye.   VII 1963
> And seyde, "*Lord*, if that it be youre wille,   VI 165
> For, *brother myn*, thy wit is al to bare   III 1480
> "Herkne, *my brother*, herkne, by thy feith!   III 1551
> And *ye, sire Hoost*, that been to me so deere,   VI 964
> Oure Hoost tho spak, "*A! sire*, ye sholde be hende III 1286

2.3.3 Mittel aus dem Gebiet der Morphologie und Wortbildung

In einer ganzen Reihe von Fällen standen Chaucer zwei weitestgehend gleichbedeutende Formen zur Verfügung, die in der Silbenzahl differierten und daher nach den Erfordernissen des Rhythmus verwendet werden konnten.

2.3.3.1 Präfixe

Häufig stehen Formen mit und ohne Präfix gleichbedeutend nebeneinander. Man beachte vor allem die folgenden Wortpaare:

Präfix: a-			Präfix: bi-		
abide	–	bide	bifalle	–	falle
acorse	–	curse	bigete	–	gete
adoun	–	doun	bileve	–	leve
alighte	–	lighte	bireve	–	reve
apayd	–	payed	bityde	–	tyde
aright	–	right	biwreye	–	wreye
arise	–	rise			

(51) But out it moot, I may namoore *abyde*.   VII 160
      The day is come, I may no lenger *byde*;   I 4237
      Arys as though thou woldest with hym pleye,   VI 827
      But *ris*, and lat us soupe and go to reste."   TC II, 944

(52) *Bifil* that in that seson on a day,   I 19
      Thanne *fil* it thus, that to the paryssh chirche, I 3307
      Lest we to longe his restes hym *byreeve*."   TC II, 1722
      Hadde he to non, to *reven* hym his reste,   TC I, 188

Präfix: y-

Das völlig bedeutungsleere Präfix *y-* tritt bei manchen Verben im Infinitiv
auf, bei vielen Verben im Part.prät. je nach den Erfordernissen des Rhythmus.

(53) Whan Ector was *ybroght*, al fressh *yslayn*,   I 2832
      But al for noght, he was *broght* to the stake.   I 2648
      Up to hir housbonde is this wyf *ygon*,   VII 212
      He to his hous is *goon* with sorweful herte.   V 1021

Weitere Präfixe: Zu den genannten Fällen kommt eine ganze Reihe weiterer
Doppelformen, unter ihnen die häufiger verwendeten *compleyne - pleyne*
und *constreyne - streyne*.

A 28: Stellen Sie mit Hilfe eines etymologischen Wörterbuches fest, welche
      der angeführten Wörter mit *a-* germanischen und welche romanischen
      Ursprungs sind.

A 29: Die oben angeführten Paare fallen nicht in allen ihren Bedeutungen
      zusammen. Stellen Sie mit Hilfe eines Wörterbuches oder Glossars
      die Bedeutung der Paare *bifallen-fallen* und *bigeten-geten* fest.

A 30: Stellen Sie im Text der Aufgabe 18 alle Part.prät. mit und ohne
      y- zusammen. Welchem ae. Präfix entspricht me. *y-*?

L: Zu den Präfixen vgl. Bihl (1916: § 46-71), Fisiak (1965: 59-63).

2.3.3.2 Eigennamen

Eigennamen weisen häufig zwei verschiedene Formen auf, die sich durch
Betonung und Silbenzahl voneinander unterscheiden können. Meist geht die
eine Form auf eine lateinische, die andere auf eine französische Form
zurück. Die bekanntesten Beispiele sind *Pandarus - Pandare* und *Criseyde -
Criseda* aus TC. Man beachte ferner u.a.:

Alys	–	Alisoun
Arcite	–	Arcita
Austyn	–	Augustyn (Prosa)
Aurelie	–	Aurelius
Deiphebe	–	Deiphebus
Edippe	–	Edippus
Emelye	–	Emelya
Jankin	–	Janekyn

Janicle	–	Janicula
Oloferne	–	Olofernus
Pompeye	–	Pompeus
Priam	–	Priamus
Sathan	–	Sathanas
Senek	–	Seneca
Swetoun	–	Swetonius
Tantale	–	Tantalus
Valerie	–	Valerius

(54) That *Jankyn* clerk, and my gossyb dame *Alys*,   III 548
God have hir soule! hir name was *Alisoun*.   III 530
On *Janekyn*, and on my nece also.   III 383
But now, *Aurelie*, I knowe youre entente,   V 982
Save oonly wrecche *Aurelius*, allas!   V 1020

2.3.3.3 Komparative und Superlative

Das Nebeneinander von Endungssteigerung und Fügungssteigerung (mit *more/ most*) macht es wahrscheinlich, dass dies in der Dichtung für den Rhythmus ausgenützt wurde. Während z.B. für das Me. im allgemeinen festgestellt wird, dass einsilbige Adjektiva im Unterschied zum Ne. eher mit *more/most* als mit Endungssteigerung verwendet werden, ist in der Dichtung Chaucers die Endungssteigerung bei den einsilbigen Adjektiven weit in der Ueberzahl. Daneben findet sich freilich auch in einer Reihe von Fällen die Fügungssteigerung.

(55) For *more clere* entendement   HF 983
But that hyt shoon ful *more clere;*   HF 1125
For *proudder* womman is ther noon on lyve,   TC II, 138

Bei der Adverbialsteigerung steht die Komparativform *bet* neben der zweisilbigen Form *bettre*.

(56) He koude *bettre* than his lord purchace.   I 608
Al my biheste, I kan no *bettre* sayn.   II 42
Who kan sey *bet* than he, who kan do werse?   V 600
And *bet* than old boef is the tendre veel.   IV 1420

L: Bihl (1916: § 140 f.), Mustanoja (1960: 278-281), Kerkhof (1982: § 739 ff.).

2.3.3.4 Präpositionen

Von einer Reihe von Präpositionen gibt es ein- und zweisilbige Formen, die sich in ihrer Bedeutung nicht unterscheiden:

```
in      -    into
of      -    out of
on      -    upon
to      -    toward
to      -    unto
```

(57) Bifil that in that seson *on* a day,   I 19
      Upon a day he gat hym moore moneye   I 703
      Lat hym *unto* my maister Petrak go,   VII 2325
      And *to* the constable he the lettre took;   II 808

2.3.3.5 Verba

Von einigen Verben finden sich im Prät. bzw. Part.prät. starke neben
schwachen Formen, die - soweit sie unterschiedliche Silbenzahl aufweisen -
dem Rhythmus entsprechend verwendet werden konnten. Vgl. Kapitel 3.7.2.2.

   (58) For, God it woot, I have *wept* many a teere   IV 1544
         And sithen thow hast *wopen* many a drope,   TC I, 941.

2.4   R e i m e

2.4.1   Endreim: Beschreibung

2.4.1.1 Klingende und stumpfe Reime

Ueber klingende und stumpfe Reime vgl. oben 2.2.1 und 2.2.2 sowie
2.3.1.1 (33) f. Halten wir an der Aussprache des < -e > am Wortauslaut
fest, so ergibt sich ein deutliches Uebergewicht an klingenden (weiblichen) Reimen.

In den ersten 300 Zeilen des Prologs der CT stehen 174 weiblichen
nur 126 männliche Reime gegenüber. Die Verhältnisse sind in den einzelnen
Werken verschieden, doch ist generell mit mehr weiblichen Reimen zu
rechnen. Für die literarisch-stilistische Wertung wird das Verhältnis
von klingenden und stumpfen Reimen gelegentlich herangezogen.

L: Baum (1961: 33), Masui (1964: § 129).
    Masui (1964) ist die umfangreichste Studie zu den Reimwörtern bei
    Chaucer. Für den "Rosenroman" vgl. Kaluza (1893).

2.4.1.2 Phonologische Genauigkeit

Chaucer gehört zu jenen me. Dichtern, deren Reime grosse phonologische
Genauigkeit aufweisen. Sowohl die Quantitäten wie die Qualitäten der
reimenden Vokale sind in der überwiegenden Zahl der Fälle streng voneinander geschieden.

Bezüglich der Qualität ist die Unterscheidung der langen Phoneme /ē/
und /ē̵/ sowie /ō/ und /ɔ̄/ fast immer genau durchgeführt (vgl. Kapitel
1.1.2.1).

(59)   Sownynge in moral vertu was his speche,
And gladly wolde he lerne and gladly teche.   I 307/8 /ē̵/

Upon hir heed was set ful fair and meete.
Two fyres on the auter gan she beete,   I 2291/2 /ē/

The sevene maydens of Milesie also
Han slayn hemself, for verrey drede and wo,   V 1409/10 /ɔ̄/

Oure Hooste gan to swere as he were wood;
"Harrow!" quod he, "by nayles and by blood!   VI 287/8 /ō/

Zu einer Reihe von Wörtern finden sich jedoch unterschiedliche Reimwörter,
so zu *drede, hede, rede, shene, slepe* und einigen anderen. In den meisten
Fällen standen einander schon im Ae. bei diesen Wörtern zwei verschiedene
Formen (/ǣ/: /ē/) gegenüber, die im Me. dialektal verschieden als /ē̵/
bzw. /ē/ erscheinen. Chaucer kannte - und verwendete - beide Formen.

(60)   Arrayed was this god, as he took keep,
As he was whan that Argus took his sleep;   I 1389/90 /ē/

And lith ful stille, and wolde han caught a sleep.
Withinne a while this John the clerk up leep,   I 4227/8 /ē̵/

Auch die Quantitäten sind in der Regel genau auseinandergehalten. Einer
der wenigen Fälle, in denen ein Wort häufig mit Länge und mit Kürze reimt,
ist *cas*:

(61)   And shortly for to tellen as it was,
Were it by aventure, or sort, or cas,   I 843/4

Andere Reimwörter zu *cas* sind *solaas, allas, Nicholas, as, paas.*

L: Langhans (1921), Skeat (1894: VI, § 25-41), Baum (1961: 39-41),
    Ae. /ǣ/ und /ea/ entsprechen me. /ē̵/, ae. /ē/ und /eo/ dagegen
    me. /ē/. Im Angl. standen häufig /ē/ ws. /ǣ/ gegenüber, im
    Kentischen /ē/ für sonstiges /ǣ/.

A 31: Versuchen Sie aufgrund Ihrer Kenntnisse der ne. Entsprechungen der
    me. Vokalphoneme (vgl. die Angaben in Kapitel 1), die Vokalqualität
    in den folgenden Reimwörtern festzustellen:

    1. A litel jape that fil in oure citee."
       Oure Hoost answerde and seide, "I graunte it thee.
       Now telle on, Roger, looke that it be good;
       For many a pastee hastow laten blood,
       And many a Jakke of Dovere hastow soold
       That hath been twies hoot and twies coold   I 4343-4348

    2. So that thow mayst nat holden up thyn heed?"
       This Cook, that was ful pale and no thyng reed,   IX 19/20

3. Walled a tonge with teeth and lippes eke,
   For man sholde hym avyse what he speeke.   IX 323/4

4. Ne wette hir fyngres in hir sauce depe;
   Wel koude she carie a morsel and wel kepe   I 129/30

2.4.1.3 Homophone

Chaucer vermeidet es in der Regel, gleiche Wörter miteinander zu reimen.
Es findet sich jedoch eine grosse Anzahl gleichlautender Wörter mit verschiedener Bedeutung (Homophone) im Reim.[15] Die Verwendung solcher Reime
galt als rhetorisches Kunstmittel. Das bekannteste Beispiel findet sich
in den ersten Zeilen des Prologs der CT, in denen *seke (suchen)* mit *seeke*
(krank) reimt:

> (62) The hooly blisful martir for to seke,
>   That hem hath holpen whan that they were seeke. I 17/18

Bei den Reimwörtern handelt es sich um verschiedene Wortarten, um Wörter
mit verschiedenen Bedeutungen, manchmal auch nur um verschiedene Formen
des gleichen Wortes:

> (63) But many oon with hire lok she herte,   (ne.*hurt*)
>   And that sat hyr ful lyte at herte, BD 883/4 (ne.*heart*)
>
>   So that I have my lady in myne armes.   (dt.*Arme*)
>   For though so be that Mars is god of armes, I 2247/8
>   (dt. *Waffen, Krieg*)
>   And thus with joye and hope wel to fare   -inf.
>   Arcite anon unto his in is fare,   I 2435/6   -part.prät.

In einigen Fällen handelt es sich jedoch um identische Wörter; wenn z.B.
two (VII 2450/53) zweimal als Reimwort verwendet wird.

Homophon sind auch manche jener Fälle, in denen eine Pluralform eines
Substantivs mit einer Fügung von zwei Wörtern reimt, deren zweites Wort
das Verb *is* ist.

> (64) causes   –   cause is   HF 19/20
>   clerkis   –   clerk is   VII 3235/6
>   dedis   –   deed is   III 1155/6
>   floures   –   flour ys   BD 629/30
>   placis   –   place is   III 1767/68
>   swevenys –   sweven is   VII 2921/22
>   nonys   –   noon ys   I 523/4

---

15 Reime mit Homophonen werden häufig als 'reiche' oder 'rührende
    Reime', englisch *rich rhyme* (nach frz. *rime riche*) oder *echo*
    rime bezeichnet.

In Wörtern, die mit < h > beginnen, denen aber kein Phonem /h/ entspricht
(vgl. Kapitel 1.2.2.4, (56) - (58)), verdeckt das Schriftbild die Homo-
phonie.

> (65) Syn thilke day that she was seven nyght *oold,*
>   That trewely she hath the herte in *hoold* VII 2873/4

A 32: Analysieren Sie die folgenden Fälle gleichlautender Reime:

>   1. Therfore I passe as lightly as I may.
>   It fel that in the seventhe yer, of May I 1461/2
>
>   2. Thyn aventure of love, as in this cas."
>   And with that word, the arwes in the caas I 2357/8
>
>   3. And thus this joly prentys hadde his leve.
>   Now lat hym riote al the nyght or leve. I 4413/4

L: Eine fast vollständige Zusammenstellung gibt Kaluza (1893: 66-77, 81);
    vgl. dazu Kökeritz (1954: 945 f.); Baum (1961: 37 f., 45 ff.).

2.4.1.4 Häufigkeit der Reimwörter

Eine Reihe von Wörtern findet sich in den Dichtungen Chaucers besonders
häufig im Reim. Die 20 häufigsten Reimwörter in den CT sind die folgenden:

(66)	me	156	anon	92	place	77	also	66
	be	146	seye	89	wyf	74	grace	65
	he	140	she	88	heere	72	thee	63
	day	130	two	85	lyf	71	so	59
	man	106	M/may	79	deere	68	alle	57

Umgekehrt finden sich 2279 Formen nur je einmal im Reim in den CT belegt
(Berechnung nach Masui (1964: 323-346)).

Während die Liste in (66) vor allem einsilbige Wörter aufweist, gibt
es auch häufig mehrsilbige Wörter im Reim. Bei den Substantiven sind es
die in (3) genannten Wörter frz. Herkunft, deren Suffixe reimen. So
stehen z.B. in der Knight's Tale etwa 70 Wörter auf *-ioun* im Reim und
nur 18 mal im Inneren der Verszeile.

Häufig finden sich auch Adverbia auf *-ly* im Reim. Sie reimen untereinander, mit einsilbigen Wörtern, wie *I* oder *by* und mit mehrsilbigen
Wörtern auf < -y >. In den CT finden sich 69 verschiedene Adverbia auf
< -ly > 208 mal im Reim.

> (67) And hath his thynges seyd ful curteisly.
>   This goode wyf cam walkynge pryvely VII 91/2
>
>   Faire in the soond, to bathe hire myrily,
>   Lith Pertelote, and alle hire sustres by, VII 3267/8
>
>   Lo, how Fortune turneth sodeynly
>   The hope and pryde eek of hir enemy! VII 3403/4

L: Angaben zur Häufigkeit von Reimwörtern gibt Masui (1964); zu den "Suffixreimen" Kaluza (1893: 77-79).

2.4.1.5 Silben- und Wortzahl

Häufig reimen Wörter gleicher Silbenzahl miteinander: *wyf - lyf*, *sterte - herte*, *meschaunce - plesaunce*. In vielen anderen Fällen ist die Silbenzahl jedoch unterschiedlich.

(68) Unterschied 1 Silbe:

ye	citee	syde	abyde	prudence	reverence
slayn	agayn	mente	entente	meschaunce	governaunce
hand	gerland	anon	Palamon	folye	flaterye
day	delay	ire	desire	balaunce	aqueyntaunce

Unterschied 2 Silben:

ye	flaterye	gon	Palamon
wene	seventene	be	chastitee
gyse	sacrifise	al	general
tale	Portyngale	me	chastitee
		pees	recchelees

Unterschied 3 Silben:

me	subtilitee
thing	apertening

Manchmal reimt ein Wort auch mit zwei Wörtern ("gebrochene Reime"), vgl. dazu die Beispiele in (64). Die Erscheinung geht jedoch weit über Reime von Homophonen hinaus:

(69)

Rome	-		to me	I 671/2
Troye	-	joie	- fro ye	TC I 2/4/5
yowthe	-		allow the	V 675/6

mit Plural *-s* und *is*:

bowes	-	inow is	PF 183/185
dedis	-	drede is	III 1169/70
lyte is	-	dytees	HF 621/2
dyvynys	-	pyne ys	I 1323/4
houndes	-	yfounde ys	BD 377/78

L: Eine Liste der "gebrochenen Reime" gibt Kaluza (1893: 64 f.).

2.4.2 Reimerleichternde Mittel

Wie 2.4.1.4 gezeigt hat, eignen sich manche Wörter besonders für die Reimstellung. Aehnlich wie für den Rhythmus stehen dem Dichter verschiedene Mittel zur Verfügung, die ihm helfen, die gewünschten Wörter ans Zeilenende zu setzen. Sie reichen von bestimmten syntaktischen Konstruktionen bis zur gehäuften Verwendung bestimmter Wörter, Phrasen und

Sätze. Einige dieser Techniken sind in diesem Abschnitt beschrieben.

L: Die ausführlichste Darstellung findet sich bei Masui (1964: Kapitel XI,
    XII, XIX, XX, XXIII). Viele Beispiele in Koziol (1976: 70-77).

2.4.2.1 Verba am Zeilenende

Durch die sog. Umschreibung mit *gan* wird statt einer flektierten Form der
Infinitiv des Verbs benötigt, der sich häufig am Zeilenende findet. Die
Umschreibung steht häufig gleichbedeutend neben der nicht umschriebenen
Konstruktion.

> (70) A thousand tyme a-rewe he gan hire kisse,[16]   III 1254

Die Umstellung des Objekts von SVO zu SOV kann ebenfalls das Verb ans
Versende bringen. Die leicht für den Reim verwendbare 1. sg. präs. kann
dadurch ans Zeilenende gelangen (reimt mit 1.sg.präs., mit Inf., mit
Adjektiven auf < -e >). So steht z.B. *I preye yow/thee* im Zeileninneren
neben *I you/thee preye* am Zeilenende:

> (71)   Im Zeileninneren   Am Zeilenende
>
> SOV   10   24
> SVO   46   2

L: Beschorner (1920), Mustanoja (1974). Zu *gan*: Homann (1954: 389-398),
    Mustanoja (1960: 610-615), Kerkhof (1982: § 259-266).

2.4.2.2 Substantiva am Zeilenende

Manche Substantiva finden sich besonders häufig am Zeilenende. Zu ihnen
gehört z.B. *toun*, das mit allen frz. Wörtern auf < -ioun > reimen kann
(vgl. oben (3)). Insgesamt findet sich *toun* 80 Mal im Reim. Die Konstruktion *the toun of X* steht sowohl im Zeileninneren wie am Zeilenende,
X toun dagegen nur am Zeilenende.

> (72)   Toward the toun of Rome goth hir weye.   II 1148
>   Lavyne; and thou, Lucresse of Rome toun,   LGW 257

2.4.2.3 Adjektiva am Zeilenende

Attributive Adjektiva und Numeralia stehen häufig nach dem Substantiv,
das sie modifizieren, um so in Reimstellung zu gelangen. In der Prosa
Chaucers stehen diese Adjektiva meist vor den jeweiligen Substantiva.

---

16 In den CT findet sich die Konstruktion 161 Mal, davon 4 Mal in der
    Prosa, 119 Mal am Zeilenende und 38 Mal im Zeileninneren.

(73) Love is a thyng as any spirit *free*.   V 767
      Suffiseth oon ensample in stories *olde*;   I 2039
      That was hir chapeleyne, and preestes *thre*. I 164

L: Mossé (1952: § 166), Maşui (1964: § 34 ff.), Masui (1964: § 36) zählt
   in der in Prosa geschriebenen Parson's Tale ca. 850 vorangestellte
   und nur 40 nachgestellte Adjektiva. Koziol (1976: 91-94), Kerkhof (1982:
   § 737).

2.4.2.4 Reimerleichternde Wörter, Phrasen und Sätze

Zu den Wörtern, die besonders häufig am Zeilenende stehen ohne die Bedeutung des Satzes wesentlich zu verändern gehören *certain, doutelees,
pardee, trewely, ywis* u.a.

(74) Senec seith a good word *doutelees*;   VI 492
      I wol telle it noon oother man, *certeyn*."   I 3495
      And yet he hadde a thombe of gold, *pardee*.   I 563
      But we goon wrong ful often, *trewely*.   I 1267
      That ye han seyd is right ynough, *ywis*,   VII 2768

Weiters standen Chaucer eine ganze Reihe von Phrasen zur Verfügung, die
sich besonders günstig am Versende verwenden liessen, z.B. adverbiale
Bestimmungen mit - *wise* und - *manere*. In { *the same, what, noble, swich,
this, no, every, alle, every maner, any* } *wise* reimt vor allem mit frz.
Wörtern auf < -ise >: *devyse, servyse, suffise, emprise*, aber auch mit
dem heimischen *(a)rise; in* { *this, his, no, som, swich* } *manere* reimt vor
allem mit *heere, deere, cheere, frere* und ähnlichen Wörtern.

(75) But sle my felawe *in the same wise*,   I 1740
      But tolde his cherles tale *in his manere*.   I 3169

L: Masui (1964: § 65) findet *in...wise* ca. 175 mal im Reim und nur ca.
   30 mal im Zeileninneren. Zu *manere* vgl. Masui (1964: § 66).

Hierher gehören auch die Wendungen *alle and some, more or lesse, yong and
olde, grete and smale*, die häufig zur Bezeichnung von Personen jederlei
Standes verwendet werden.

(76) And in this wise thise lordes, *alle and some*, I 2187
      And eek his freendes, *bothe moore and lesse*.   VII 2243
      In general, ye, *bothe yonge and olde*.   II 417
      Save al this compaignye, *grete and smale*!   I 4323

Eine weitere Gruppe von Phrasen bildet *moore and moore, out of doute,*
{ *out of, withouten, it is no* } *drede, for the nones* u.a.

(77) They fille in speche; and forth, *moore and moore*, V 964
      Thus artow of my conseil, *out of doute*,   I 1141
      As wel as kan a knyght, *withouten drede*   V 1544

An zeilenfüllenden Sätzen, die vor allem am Versende stehen, finden sich besonders häufig $\left\{ if,\ as \right\}$ $\left\{ me,\ the,\ yow \right\}$ leste, if that I may, so moot I thee, as I gesse u.a.

> (78) And bad him seye his voirdit *as hym leste*.   I 787
> Ne I wol noon reherce, *if that I may*.   II 89
> Than evere Caton was, *so moot I thee*,   VII 2976
> Mo than a thousand stories, *as I gesse*,   V 1412

Nicht nur am Zeilenende, sondern als Füllmittel auch am Zeilenbeginn und in der Zeilenmitte dienen die sehr häufig gebrauchten Fügungen zum Ausdruck eines kurzen Berichts: *shortly, shortly for to seyn, concluden, tellen, speken.*

> (79) *And shortly*, whan the sonne was to reste,   I 30
> *And shortly for to tellen* as it was,   I 843
> Lest that hir housbonde, *shortly for to sayn*, II 564

L: Eine Zusammenstellung solcher Füllsel am Versbeginn und im Vers-
    inneren gibt Koziol (1976: 83-87).

2.4.3   Sonderformen

Neben dem Endreim finden sich in den Dichtungen Chaucers auch Alliteration, Assonanz, und Binnenreim.

2.4.3.1 Alliteration

Alliteration findet sich in den Werken Chaucers verhältnismässig häufig, doch ist sie an keiner Stelle zum formalen Prinzip des Zeilenbaus ge- worden wie in den stabreimenden Dichtungen des 14. Jhs. Bewusste Anklänge an die alliterierende Langzeile werden in der berühmten Turnierszene der Knight's Tale (vgl. o.(22)) und in der Beschreibung der Schlacht von Actium gesehen.

> (80) Up goth the trompe, and for to shoute and shete,
> And peynen hem to sette on with the sunne.
> With grysely soun out goth the grete gonne,
> And heterly they hurtelen al atones,
> And from the top doun come the grete stones.
> In goth the grapenel, so ful of crokes;
> Among the ropes renne the sherynge-hokes.
> In with the polax preseth he and he;   LGW 635-642

Auch an anderen Stellen häufen sich alliterierende Zeilen, doch sind es in der Mehrzahl einzelne Zeilen, in denen Alliteration als kunstvolles, ausschmückendes Mittel eingesetzt ist.

> (81) Hath in the *Ram* his *halve* cours yronne,   I 8
>   And palmeres for to *seken* straunge *strondes*,   I 13
>   Al *ful* of *fresshe* *floures*, whyte and reede. I 90
>   Of *faire*, yonge, *fresshe* Venus *free*,   I 2386

In vielen Fällen handelt es sich um feststehende, oft stereotype Wendungen, wie *lief or loth, wele or wo, foul or fayr*, die in verschiedenen Variationen immer wieder verwendet werden.

> (82) And she obeyeth, be hire *lief* or *looth*   IV 1961
>   For *wele* or *wo* she *wole* hym nat forsake;   IV 1290
>   For *foul* ne *fair*, thogh that she sholde deye. II 525
>   Oold *fissh* and yong *flessh* wolde I have *ful fayn*. IV 1418

Auch in der Prosa Chaucers finden sich stabreimende Wendungen, z.B. in Melibeus:

> (83) A yong *man* called *Melibeus*, *myghty* and *riche*, VII 967
>   of the *wrong* and of the *wikkednesse*   VII 1023
>   that he kan withouten *presumpcion* or *pride*;   VII 1071

A 33: Stellen Sie sämtliche Alliterationen im Text (22) (2.2.5) fest.

L: ten Brink (1920: § 334-340), Crosby (1938: 422), Everett (1947: 201-203), Baum (1961: 55-59), Raith (1962: § 25-26, § 45-59), Potter (1972), Elliott (1974: 99-105, 164), Koziol (1976: 49-55).

2.4.3.2 Assonanz

Unter Assonanz wird die Wiederholung von Vokalphonemen ohne gleichzeitige Wiederholung der folgenden Konsonanten verstanden. Ihre Verwendung gehört zu den seltener behandelten Erscheinungen in der englischen Metrik. Auch für die Werke Chaucers bestehen keine detaillierten Untersuchungen.

> (84) I wok, and othere bokes tok me to,   PF 695

A 34: Stellen Sie Assonanz im Text der Aufgabe 36 (2.5) fest.

L: Adams (1972) fasst den Begriff Assonanz sehr weit (z.B. unter Vernachlässigung der phonologischen Unterschiede der Quantität), was zu Missverständnissen geführt hat; vgl. Finnie (1974), der jedoch selbst nichts zu einer Theorie der Assonanz beiträgt.

2.4.3.3 Binnenreim

Als Binnenreim bezeichnet man Reime, in denen ein Reimwort innerhalb einer Verszeile zu stehen kommt. Dies kann mehr oder weniger unbeabsichtigt immer wieder vorkommen.

> (85) And ryght so *breketh* it when men *speketh*.   HF 780

Finden sich zwei Reimwörter innerhalb einer Verszeile, so handelt es sich um ein bewusst eingesetztes, besonders kunstvolles Mittel, wie an einigen Stellen in AA:

(86)   My swete *foo*, why do ye *so*, for shame?
      And thenke *ye* that furthered *be* your name
      To love a ne*we*, and ben untre*we*? Nay!
      And putte *yow* in sclaunder *now* and blame,
      And do to me adversite and grame,
      That love yow *most* - God, wel thou *wost* - alway?
      Yet come ay*ein*, and yet be pl*eyn* som day,
      And than shal th*is*, that now is m*ys*, be game,
      And al for*yive*, while that I l*yve* may.   AA 272-280

L: Baum (1961: 99-101), Raith (1962: § 31), Masui (1964: § 123-124).

2.5. Strophenbau

Im Grossteil der CT (6690 couplets) and in den LGW (1351 couplets) verwendet Chaucer fünfhebige Reimpaare, in BD (667 couplets) und HF (1079 couplets) vierhebige Reimpaare. In allen anderen Dichtungen finden sich Strophenformen, von denen die 7-zeilige in TC verwendete die berühmteste ist. Die anderen Strophen finden sich in erster Linie in den kürzeren Gedichten, deren 'Envoy' überdies in der Regel aus einer anderen Strophenform gebildet ist. Die ungesicherten Gedichte sind in diesem Abschnitt nicht berücksichtigt, ebenso fehlen einige besondere Formen, wie die sehr unterschiedlichen von *Sir Thopas* in den CT (viele a^4 a^4 b^3 a^4 a^4 b^3). Hochgestellte Ziffern geben die Anzahl der Hebungen an.

    Die 7-zeilige Strophe: ababbcc^5 ca. 1780 Strophen
Allein in TC finden sich 1177 7-zeilige Strophen, dazu kommen in den CT The Man of Law's Tale, The Clerk's Tale, The Prioress's Tale und The Second Nun's Tale. Ausserdem findet sich die 7-zeilige Strophe in "The Parliament of Fowls" (98 Strophen), sowie in einer Reihe der kürzeren Gedichte.

    Die meisten 7-zeiligen Strophen weisen eine Gliederung auf, durch die sie in zwei bzw. drei Teile geteilt sind. Einschnitte finden sich häufig nach der vierten Zeile, doch sind sie auch am Ende anderer Zeilen sowie in der Zeilenmitte nicht selten (vgl. auch Enjambement 2.2.5).

(87)   Einschnitt nach der 4. Zeile:

      Thorugh yow have I seyd fully in my song
      Th'effect and joie of Troilus servise,
      Al be that ther was som disese among,
      As to myn auctour listeth to devise.
      My thridde bok now ende ich in this wyse,

And Troilus in lust and in quiete
Is with Criseyde, his owen herte swete.   TC III 1814-1820

A 35: Stellen Sie die Gliederung der 7-zeiligen Strophen in den
      Aufgaben 2, 4 und 6 fest.

L: ten Brink (1920: § 347) plädiert für eine Gliederung der meisten
      Strophen in drei Teile ab ab bcc, wogegen sich spätere Unter-
      suchungen wenden: Smith (1923: 243 ff.), Cowling (1926), vgl.
      auch Baum (1961: 48).

Die 8-zeilige Strophe: 1) $ababbcbc^5$ 144 Strophen

                         2) $ababbccb^5$ 9 Strophen

                         3) $aaaabccb^5$ 1 Strophe

Der erste Typ findet sich in "The Monk's Tale" (97 Strophen), sowie in
einigen der kürzeren Gedichten.

    (88)   I wol biwaille, in manere of tragedie,
           The harm of hem that stoode in heigh degree,
           And fillen so that ther nas no remedie
           To brynge hem out of hir adversitee.
           For certein, whan that Fortune list to flee,
           Ther may no man the cours of hire withholde.
           Lat no man truste on blynd prosperitee;
           Be war by thise ensamples trewe and olde.   VII 1991-8

Der zweite Typ findet sich nur in "The Complaint of Venus" (9 Strophen)

    (89)   Ther nys so high comfort to my pleasaunce,
           When that I am in any hevynesse,
           As for to have leyser of remembraunce
           Upon the manhod and the worthynesse,
           Upon the trouthe and on the stidfastnesse
           Of him whos I am al, while I may dure.
           Ther oghte blame me no creature,
           For every wight preiseth his gentilesse.   CV 1-8

Der dritte Typ findet sich in einer Strophe von "A Complaint to his
Lady" (IV, 2).

Die 9-zeilige Strophe: 1) $aabaabbcc^5$ 16 Strophen

                         2) $aabaabbab^5$ 14 Strophen

Der erste Typ findet sich in den 16 Strophen des 'Compleynt' im "Complaint
of Mars", der zweite Typ in der 'balade' "Womanly Noblesse" und im
'Compleynt' von AA.

    (90)   The ordre of compleynt requireth skylfully
           That yf a wight shal pleyne pitously,
           Ther mot be cause wherfore that men pleyne;
           Or men may deme he pleyneth folily
           And causeles; alas! that am not I!
           Wherfore the ground and cause of al my peyne,

So as my troubled wit may hit atteyne,
I wol reherse; not for to have redresse,
But to declare my ground of hevynesse.   CM 155-163

Die 10-zeilige Strophe: 1) aabaabcddc^5 8 Strophen

                         2) aabaabbaab^5 1 Strophe

Der erste Typ findet sich in 8 Strophen von "A Complaint to His Lady"
(IV, 1, 3-9), der zweite Typ lediglich im 'Lenvoy' von "The Complaint of
Venus."

(91) My dere herte and best beloved fo,
Why lyketh yow to do me al this wo,
What have I doon that greveth yow, or sayd,
But for I serve and love yow and no mo?
And whilst I lyve I wol ever do so;
And therfor, swete, ne beth nat yvel apayd.
For so good and so fair as ye be
Hit were right gret wonder but ye hadde
Of alle servantes, bothe of goode and badde;
And leest worthy of alle hem, I am he.   CL 58-67

Die 16-zeilige Strophe: aaa^{4}b^{5}aaa^{4}b^{5}bbb^{4}a^{5}bbb^{4}a^5

In zwei Strophen des 'complaints' von AA findet sich diese kunstvolle
Strophe. Man beachte in diesem Gedicht auch die 7-zeilige und 9-zeilige
Strophe, sowie die Verwendung des Binnenreims.

A 36: Einige bei Chaucer seltene Formen sind nicht erwähnt worden.
      Dazu gehört die folgende Stelle aus PF, die Sie analysieren
      mögen. Um welche Gedichtform handelt es sich?

"Now welcome, somer, with thy sonne softe,
That hast this wintres wedres overshake,
And driven away the longe nightes blake!

"Saynt Valentyn, that art ful hy on-lofte,
Thus syngen smale foules for thy sake:
Now welcome, somer, with thy sonne softe,
That hast this wintres wedres overshake.

"Wel han they cause for to gladen ofte,
Sith ech of hem recovered hath hys make,
Ful blissful mowe they synge when they wake:
Now welcome, somer, with thy sonne softe,
That hast this wintres wedres overshake,
And driven away the longe nyghtes blake!"   PF 680-692

A 37: Untersuchen Sie den Bau der beiden folgenden Strophen:

1. Almighty and al merciable queene,
    To whom that al this world fleeth for socour,
    To have relees of sinne, of sorwe, and teene,
    Glorious virgine, of alle floures flour,
    To thee I flee, confounded in errour.

Help and releeve, thou mighti debonayre,
Have mercy on my perilous langour!
Venquisshed me hath my cruel adversaire.   ABC 1-8

2. Adam scriveyn, if ever it thee bifalle
    Boece or Troylus for to wryten newe,
    Under thy long lokkes thou most have the scalle,
    But after my makyng thou wryte more trewe;
    So ofte a-daye I mot thy werk renewe,
    It to correcte and eek to rubbe and scrape;
    And al is thorugh thy negligence and rape.   Adam

L: Schipper (1895: 325-333), ten Brink (1920: § 344-349), Baum (1961:
    47-51).
    Zur 16-zeiligen Strophe in AA siehe Baum (1961: 99-101).

3.1   S u b s t a n t i v a

3.1.1   Numerus

Das Pluralmorphem $\{S_1\}$ weist verschiedene Allomorphe auf, von denen
/-əs/ und /-s/ am häufigsten vorkommen. Sie werden in 3.1.1.1 behandelt.
Die übrigen Pluralbildungen sind in 3.1.1.2 - 3.1.1.5 dargestellt.

3.1.1.1 Pluralbildung mit den Allomorphen /-əs/ und /-s/

Die Pluralformen der meisten Substantiva in Chaucers Englisch scheinen das
Allomorph /-əs/ aufzuweisen. Da viele dieser Substantiva im Sg. jedoch auf
/-ə/ enden, ist zwischen den Allomorphen /-əs/ und /-s/ zu unterscheiden,
deren Wahl phonologisch bedingt ist: auf /-ə/ folgt /-s/, sonst folgt
/-əs/. Aus dem Frz. entlehnte Substantiva auf < -our > und < -o(u)n >
weisen regelmässig das Allomorph /-s/ auf.

(1)   Allomorph /-s/

Sg. /-ə/, < -e >		Sg. /-uːr/, /-uːn/, <-our>, <-o(u)n>	
ende	*endes*	*conclusioun*	*conclusiouns*
tyme	*tymes*	*illusioun*	*illusiouns*
message	*messages*	*feloun*	*felouns*
observaunce	*observaunces*	*honour*	*honours*
creature	*creatures*	*emperour*	*emperours*

(2)   Allomorph /-əs/

Sg.: Uebrige Endungen

forest	*forestes*	*fynger*	*fyngres*[2]
knyght	*knyghtes*	*monster*	*monstres*
kyng	*kynges*	*mayster*	*maistres*
wey	*weyes*	*girdel*	*girdles*
laxatif	*laxatyves*[1]	*lover*	*lover(e)s*
leef	*leves*	*messager*	*messager(e)s*
lyf	*lyves*	*torment*	*tormentes*[3]
		servaunt	*servauntes*

---

1   Wechsel von <f> zu <v> (/f/>/v/) findet sich ausser bei den angeführten
    Wörtern noch bei *wyf - wyves, theef - theeves, staf - staves, clyf -
    clyves, preef - proeves, elf - elves, half - halves, knyf - knyves,*

Aus metrischen Gründen (vgl. Synkope, 2.3.1.2) tritt das Allomorph /-s/
an die Stelle von /-əs/. Dies ist vor allem in Wörtern, die im Sg. auf
Vokal enden oder im Pl. sonst dreisilbig würden, zu beobachten. Vereinzelt
weist die Schreibung auf die verkürzte Form: *maydenes ~ maydens, lordinges ~
lordings, ladyes ~ ladys*.

(3)	And fully heeld a feeste *dayes* three,	I 2736
	Lo, Moyses fourty *dayes* and fourty nyght	III 1885
	Of goode wymmen, *maydenes* and wyves	LGW 484
	Hir *maydens*, that she thider with hire ladde,	I 2275

Für die S c h r e i b u n g der Allomorphe /-s/ und /-əs/ stehen die
folgenden Graphemkombinationen zur Verfügung: < -es, -is, -ys, -s, -z >.
Wie man den Beispielen (1) - (3) entnehmen kann, ist < -es > bzw.
< -s > die üblichste Schreibweise; die einzelnen MSS verwenden die
Endungen jedoch unterschiedlich häufig. Auch in Fällen, in denen die
Pluralform mit dem Verb *is* reimt, ist nicht nur mit der Schreibung
< -is, -ys > sondern auch mit < -es > zu rechnen. Vgl. dazu Kapitel
1.1.4.1 (27), Beispiele in Kapitel 2.4.1.3 (64) und 2.4.1.5 (69). In
der Regel reimen jedoch die Wörter mit Pluralendungen untereinander.

Das Graphem < -z > für das Allomorph /-s/ findet sich lediglich in
einer Reihe von Wörtern auf < -t >, die alle aus dem Frz. kommen
(vgl. Fussnote 3 unten und 1.2.2.2 (46)). Die einzelnen MSS weichen
im Gebrauch wieder voneinander ab. So übernehmen T/K und Robinson
serva(u)ntz immer in den CT (11 Mal), in den anderen Werken setzt T/K
immer *serva(u)nt(e)s* (18 Mal), bei Robinson jedoch 10 Mal *serva(u)ntz*
neben 8 Mal *serva(u)nt(e)s*.

(4) Einige Substantiva mit < -z >:

poyntz ~ poyntes
parementz ~ paramentes
instrumentz ~ instrument(e)s
azimutz ~ azimutes
juggementz ~ juggementes

A 38: Bestimmen Sie das Pluralallomorph und die Singularform der folgenden
Wörter: *fables, faces, feestes, felawes, feeldes, feendes, figures,
fyres, floodes, fooles, forestes, formes, foxes, freres, freendes.*

---

sheef - sheves, wolf - wolves. Zu *self - selven* vgl. 3.3.2.

2 Wörter, die auf /-ə/ + Liquid enden, können im Plural dieses /-ə/
verlieren oder statt /-əs/ das Allomorph /-s/ annehmen.

3 Substantiva aus dem Frz. auf /-t/ weisen Nebenformen mit dem
Allomorph /-s/ auf, die in (4) behandelt sind.

A 39: Im Ne. liegen andere phonologisch bedingte Allomorphe des Plural-
morphems $\{S_1\}$ vor. Wie lauten sie, wie ist ihre Verteilung und
auf welche lautlichen Veränderungen ist ihre Entstehung zurückzuführen?

3.1.1.2 Pluralbildung mit ersetzenden (morphologisch bedingten) Allomorphen

Hierher gehören die folgenden Wörter:

(5)

Sg.	Pl.
man	men
wom(m)an	wom(m)en, wym(m)en, wemen
----	foemen[4]
foot	feet
goos	gees
tooth	teeth
mous	mys
wolken	welken, welkne

A 40: Geben Sie mit Hilfe einer historischen Grammatik des Englischen
eine Erklärung für die Pluralbildung in (5).

3.1.1.3 Pluralbildung mit dem Allomorph /-ən/

Hierher gehören die folgenden Wörter:

(6)

Sg.	Pl.
child	children[5]
brother	bretheren[5,6]
eye, ye, eighe[7]	eyen, yen, eighen
cow	keen[5,8]
flee	fleen[8]
oxe	oxen[8]
----	pesen[8]

A 41: Erklären Sie mit Hilfe einer historischen Grammatik die Pluralform children.

---

4   Der Singular foeman ist bei Chaucer nicht belegt, vgl. jedoch
    foo 3.1.1.4. Zum Sg. lemman gibt es den regelmässigen Plural
    lemman(e)s (III 1998 und X 903).

5   Man beachte auch den zusätzlichen Wechsel des Stammvokals.

6   Die Form brotheres ist für den Gen.sg. reserviert. Im
    Kompositum findet sich bretherhed(e) mit Umlaut (I 511,
    III 1399, VII 42).

7   Die Schreibungen in den MSS wechseln. T/K gibt die Schreibung
    eye/eyen für die CT, ye/yen für TC. Robinson setzt statt dessen
    in den CT im Reim stets ye/yen, in TC im Zeileninneren eighen.

8   Zur Endung /(ə)n/ vgl. das Verhältnis von /-əs/ und /-s/ in
    Wörtern auf < -e >. Die Plurale keen, fleen und pesen sind je-
    weils nur einmal bei Chaucer belegt.

3.1.1.4 Pluralbildung mit dem Allomorph /- ən/ neben /- əs/, /-s/

Hierher gehören die folgenden Wörter:

(7) Sg.	Pl.		Vorkommens-häufigkeit		
doughter	do(u)ghtren	do(u)ghtres	115	5	7
suster[9]	sustren	sustres	59	9	3
foo	foon	foes, foos	47	3	12
too	toon[10]	toos	1	2	2
shoo	shoon	shoes, shoos	4	1	3
bee	been	bees	2	5	4
hose	hosen	hoses	3	3	4
ashe	asshen	asshes	1	11	1

Für die Geläufigkeit gewisser Formen spricht, dass sie nicht nur im Reim vorkommen. Die beiden Pluralformen von *doughter, suster, hose* und *ashe* stehen nie im Reim. Die Plurale *foon* und *toon* finden sich dagegen nur im Reim, während *been* sowohl im Reim als auch im Versinneren steht.

> (8) This false Brutus and his othere foon,
> And stiked hym with boydekyns anoon   VII 2706/7
>
> His byle was blak, and as the jeet it shoon;
> Lyk asure were his legges and his toon;   VII 2861/2
>
> As many heddes, as manye wittes ther been.
> They murmureden as dooth a swarm of been,   V 203/4

A 42: Ordnen Sie den Reim im letzten Beispiel von (8) ein.

3.1.1.5 Pluralbildung mit Nullallomorph, teilweise neben /-(ə)s/

Viele der hierhergehörigen Wörter lassen sich in zwei semantische Kategorien unterteilen:

Kategorie:
Tiere

Kategorie:
Zeit- und Massbezeichnungen

(10) Mass:

(9) Sg.	Pl.	Sg.	Pl.
sheep	sheep	mile	mile ~ miles
deer	deer	foot	foot ~ feet
neet	neet	pound	pound ~ poundis
swyn	swyn	----	fadme
hors	hors ~ horses	furlong	furlong
fish	fish ~ fishes	paire	peyre
shellfissh	shelle-fish		sithe ~ sithes
fowel, foul	foul ~ foules	(11) Zeit:	
	water-foul ~	yeer	yeer ~ yeres
	water-foules	winter	winter ~ wintres
	worm-foul	month	month ~ monthes
	seed-foul	night	night ~ nightes

9 Die Form Chaucers ist *suster*, die in den MSS fast durchwegs verwendet wird. Robinson druckt einmal *sister,* wo T/K *sustren* haben (LGW 1346).
10 Zusätzlich einmal *tiptoon*:And stonden on his tiptoon therwithal,VII 3307

Der endungslose Plural steht nach Zahlwörtern; *month* kommt als Plural nur in der festen Wendung *twelf-month* (Jahr) vor.

In diese Kategorie fällt auch der Plural *folk* und eine Gruppe frz. Lehnwörter auf < -s >.

(12)		
	paas	*pas*
	vers	*vers*
	caas	*caas*
	trespas	*trespas*

A 43: Stellen Sie mit Hilfe der Chaucer-Konkordanz die Häufigkeit der einzelnen Pluralbildungen in (10) und (11) fest.

3.1.2 Kasus

Das Kasussystem der Sprache Chaucers unterscheidet sich nur geringfügig vom ne. Zustand. Abgesehen von einigen Dativformen (3.1.2.1) ist der Genitiv (3.1.2.2) die einzig markierte Form.

3.1.2.1 Der Dativ

Vor allem im Reim weist ein End < -e > in einigen Wörtern Reste eines Dativmorphems auf, z.B. *bedde, fyre, shippe* neben *bed, fyr, ship.* Die endungslosen Formen finden sich in der gleichen syntaktischen Funktion. MSS und Ausgaben variieren in der Verwendung dieses Dativs auf < -e >. Man vgl. dazu auch den Zustand im Nhd. (z.B. *im Bette ~ im Bett*).

Dativ mit < -e >:

(13)		
	The tresoun of the mordrynge *in the bedde;*	I 2001
	And sette the foxes tayles alle *on fire,*	VII 2033
	Er that he myghte gete his wyf *to shipe?*	I 3540

Verwendung der Grundform:

(14)		
	That *in his bed* ther daweth hym no day.	I 1676
	And *on the fir* as swithe he hath it set,	VIII 1309
	That *in a ship* was founden this Custance,	II 612

3.1.2.2 Der Genitiv

Das Kasusmorphem für den Genitiv $\{S_2\}$ weist für die meisten Substantiva die Allomorphe /-əs/ oder /-s/ auf, deren Verteilung der der Pluralallomorphe entspricht (3.1.1.1), in einigen Fällen tritt jedoch ein Null-Allomorph auf.

(15) Allomorph /-s/   Allomorph /- əs/

     herte - hertes   lord - lordes
     love   - loves   man   - mannes
                       cok   - cokkes
                       bed   - beddes

Bei *man* und *womman* tritt das Genitivallomorph /- əs/ auch an das (morphologisch bedingte) Pluralallomorph an:

(16) I walke, and fisshe Cristen *mennes* soules,   III 1820
     Wommennes conseils been ful ofte colde;   VII 3256

Ein Genitivallomorph /Ø/ findet sich neben regulär gebildeten Formen bei einigen Personsbezeichnungen wie *brother*, *doghter*, *fader*, *lady* neben *brotheres*, *fadres*, *ladyes*. Ebenso findet sich das Null-Allomorph in Eigennamen, die auf /-s/ enden, z.B. *Deiphebus*, *Epicurus*, *Priamus*, *Seys*, *Theseus*, *Thoas*, *Troilus*, *Venus*, u.a. Die Genitivfunktion ist syntaktisch durch die Wortstellung ersichtlich.

(17) Thy *brother* sone, that was thy double allye,   VII 2403
     Now, by my *fader* soule that is deed,   I 781
     In hope to stonden in his *lady* grace.   I 88
     That was the kyng *Priamus* sone of Troye,   TC I 2
     Bigan to *Venus* temple for to gon,   I 2272

Bei einigen anderen Wörtern wie *hevene*, *herte*, *chirche*, ist es schwierig zu entscheiden, ob ein Genitivallomorph /Ø/ oder eine Kompositionsfügung vorliegt.

(18) It tikleth me aboute myn *herte* roote.   III 471
     By *hevene* kyng, that for us alle dyde,   VII 2796
     And at the *chambre* dore whil that he stood,   I 3435
     Upon my *chambre* roof wythoute   BD 299
     Housbondes at *chirche* dore.I have had fyve,-   III 6

A 44: Formulieren Sie eine Regel zur Bildung des Genitivs von *wyf*, *lyf*, *theef* und gleichgebauten Wörtern.

L: ten Brink (1920: § 196-226), Kaluza (1931: 223 f.), Brunner (1938; 1967: 48-55), Mossé (1952: § 54-62), Fisiak (1965: 75-78); zum Vergleich mit dem Ne.: Lipka (1969), Kastovsky (1971), Dürmüller/Utz (1974: 40-43), Kastovsky (1980).

3.2. Adjektiva

3.2.1 Flexion

Die Adjektiva erscheinen bei Chaucer entweder endungslos oder sie enden auf < -e >. Ueber die Aussprache dieses < -e > vgl. 1.1.4.1. Eine erste Gruppe von Adjektiven weist immer ein < -e > auf. Hierzu gehören z.B. *drye, grene, kynde, meke, riche, swete*, u.a., die germanischen Ursprungs sind, sowie Entlehnungen aus dem Frz. wie *dampnable, deceyvable, debonaire*, u.a.

Eine zweite Gruppe von Adjektiven weist nie ein < -e > auf. Hierzu gehören vor allem die aus dem Frz. entlehnten, mehrsilbigen Adjektiva wie *delycious, dormant, (dis)obeisant, desolaat, delicaat, devout, dismal*, usw.

Eine dritte Gruppe weist im Singular Wechsel von endungslosen Formen und Formen mit < -e > auf. Im Plural stehen regelmässig Formen mit < -e >. Hierzu gehören vor allem einsilbige Adjektiva germanischen Ursprungs wie *bright, deef, fat, fressh, good, long, old, smal*, usw. und einige Adjektiva, die auf < -el, -er, -en > und < -y > enden, wie *yvel/-e, bitter, owen, many*.

Zu *al* gibt es Genitivpluralformen *aller, alder, alther*; *alther* findet sich vor allem in Superlativ-Komposita: *alderbest, alderfayrest, altherfastest, alderfirst, alderlast, alderlest, alderlevest, althermost, aldernext, alderwisest, altherworst*. In *alleskynnes* (HF 1530) liegt ein Gen. sg. von *al* vor.

> (19) Up roos oure Hoost, and was oure *aller* cok,   I 823
>   Lat not oure *alder* foo make his bobaunce   ABC 84
>   I wil yive hym the *alderbeste*
>   Yifte that ever he abod hys lyve.   BD 246/7

Einige französische Adjektiva weisen die Pluralendung < -es > auf, wie *delitables, inequales, espirituels, temporeles*, u.a.

> (20) And eek in othere places *delitables*;   V 899
>   To turne the houres *inequales* in houres
>   *equales*.   Astr.II,8

A 45: Versuchen Sie am Beispiel des Adjektivs *blak* festzustellen nach welchen syntaktischen Regeln die Verteilung der endungslosen Formen und der Formen mit < -e > erfolgt. Beachten Sie dabei den Versrhythmus und daraus sich ergebende Elisionen von < -e >:

```
          Twenty bookes, clad in blak or reed,        I 294
          His nosethirles blake were and wyde.        I 557
          With scalled browes blake and piled berd.   I 627
          Ech after oother, clad in clothes blake;    I 899
          And why that ye been clothed thus in blak." I 911
          The shepne brennynge with the blake smoke;  I 2000
          Blak was his berd, and manly was his face;  I 2130
          As blak as he lay as any cole or crowe,     I 2692
          In clothes blake, ydropped al with teeres;  I 2884
          But in his blake clothes sorwefully         I 2978
          "O blake nyght, as folk in bokes rede,      TC III 1429
```

L: Bei den Adjektiven germanischer Herkunft kann der Wechsel der Formen
    auf die Unterscheidung zwischen starker und schwacher Flexion zurück-
    geführt werden. Zur Adjektivflexion im Ae. vgl. Quirk/Wrenn (1955;
    1969: 31 ff.), Mitchell (1971: 28 ff.), Pinsker (1976: 94 f.).
    Zum me. Zustand: ten Brink (1920: § 227-240), Kaluza (1931: 224),
    Brunner (1938; 1967: § 43), Mossé (1952: § 74), Fisiak (1965: 78-80),
    Dürmüller/Utz (1974: 46), Burnley (1982).

3.2.2 Komparation

Das Komparativmorphem weist drei komplementär verteilte Allomorphe auf:
/-rə/, /-r/ und /-ər/. Nach /r(ə)/ findet sich /-rə/ (dere - derre),
nach Konsonant (ausser /r/) oder Vokal + /-ə/ steht /-r/ (sweete -
sweeter, hye - hyer), und nach Konsonant steht /-ər/ (hoot - hotter,
greet - gretter, rich - richer).

Im Superlativ werden die Allomorphe /-st/ bzw. /-əst/ angefügt, je
nachdem ob das Adjektiv im Positiv auf Konsonant oder /-ə/ endet
(greet - gretteste, fyn - fyneste, hye - hyeste). An das Superlativ-
allomorph tritt in der Regel das in 3.2.1 erwähnte End - < -e >.

Lange Stammvokale der Adjektiva sind im Komparativ und Superlativ
häufig gekürzt, man beachte die Schreibung mit Doppelkonsonant
(vgl. Kapitel 1.2.1.2 (34) und L:1).

```
(21)        glad    -   gladder    -   gladdest
            greet   -   gretter    -   grettest
            hoot    -   hotter     -   hottest
```

Eine Reihe von Adjektiven weist zusätzlich zur Endung im Komparativ und
Superlativ einen Umlaut auf.

```
(22)        long    -   lenger     -   lengest
            strong  -   strenger   -   strengest
            old     -   elder      -   eldest
```

Die folgenden Adjektiva weisen schliesslich eine unregelmässige Steigerung
auf:

(23)	good	–	bettre, bet	–	beste
	bad	–	badder		
	yvel	–	werse, worse	–	werste, worste
	much(el)	–	more, mo	–	moste, meste
	lytel	–	lasse, lesse	–	leeste

A 46: Stellen Sie fest, welche lautliche Entwicklung die in (21) angeführten Adjektivformen im Ne. genommen haben.

A 47: Neben den vorgeführten Steigerungsformen der Adjektiva finden
sich auch die Fügungen mit *more* und *most* in der gleichen
Funktion (siehe Kapitel 2.3.3.3). Vergleichen Sie damit den
ne. Gebrauch.

3.3 P r o n o m i n a

3.3.1 Personalpronomina

In der Sprache Chaucers finden sich die folgenden Personalpronomina:

		1.P.	2.P.	3.P. m.	f.	n.
Sg	Nom.	I,ich,ik	thou	he	she	it
	Obl.	me	thee	him	here	it
Pl	Nom.	we	ye		they	
	Obl.	us	you		hem	

Für die 1.P.sg. verwendet Chaucer am häufigsten *I*, sowohl im Versinneren
wie im Reim.

(24)	This wydwe,of which *I* telle yow my tale,	VII 2824
	For thilke tyme, as *I* have understonde.	VII 2880
	Cam, as hym thoughte, and seide, '*I* am now slawe.	VII 3014
	For me were levere thow and *I* and he	TC II 352
	That ye hadde rad his legende, as have *I*.	
	Dame Pertelote, *I* sey yow trewely,	VII 3121/2
	Quod he, "and ys here faste by."	
	"A Goddes half, in good tyme!" quod *I*,	BD 369/70

Die ältere Form *ich* findet sich verhältnismässig selten; sie ist in den
CT nur viermal belegt, kommt jedoch in TC etwas häufiger vor (nach MSS
unterschiedlich, bis 54 Belege).

(25)   And seyde, "Ywis, but if *ich* have my wille,   I 3277
          Than seyde he thus, "Lo, lordes myn, *ich* was   TC IV 71
          Whi suffre *ich* it? Whi nyl ich it redresse?   TC V 40

Die Form *ik* ist eine nördliche Form und findet sich zweimal im Munde des
Reeve aus Norfolk.

(26)   But ik am oold, me list not pley for age;   I 3867
          And yet ik have alwey a coltes tooth,   I 3888

Darüberhinaus kommen *ich* und *ik* in Verbindung mit *thee (gedeihen)* vor,
zwei Mal *theech* und ein Mal *theek*.

(27)   Lat be, "quod he, "it shal nat be, so *theech*!   VI 947
          That is the cause, and oother noon, so *thee'ch*!" VIII 929
          "So *theek*," quod he, "ful wel koude I thee quite I 3864

Die 2.P.sg. *thou (thow)* kann enklitisch an eine Reihe von Wörtern ange-
hängt werden, wobei es zur Assimilation des /θ/ an das auslautende /t/
der Verbalendung kommt. Es handelt sich u.a. um folgende Verbindungen:

(28)

be:	*thou art*	*artow*	
can:	*thou kanst*	*kanstow*	*canst thou*
comen:	*thou comest*	*comestow*	
dar:	*thou darst*	*darstou*	*darst thou*
demen:	*thou demest*	*demestow*	
don:	*thou doost*	*dostow*	*doost thou*
haven:	*thou hast*	*hastou*	*hast thou*
heren:	*thou herest*	*herestow*	
hyden:		*hydestow*	
knowen:	*thou knowest*	*knowestow*	
maken:	*thou makest*	*makestow*	*makest thou*
may:	*thou mayst*	*maistow*	*maist thou*
pleyen:		*pleystow*	
pleynen:	*thow pleynest*	*pleynestow*	
prechen:	*thou prechest*	*prechestow*	
remembren:	*thow remembrest*	*remembrestow*	
seen:	*thou seest*	*seestow*	
seken:		*sekestow*	*sek'st thou* (TC III 1455)
shal:	*thou shalt*	*shaltow*	*shalt thou*
syngen:	*singest*	*syngestow*	
wil:	*thou wilt*	*wiltow*	*wilt thou*
	thou wolt	*woltow*	*wolt thou*
wot:	*thou woost*	*wostow*	*wost thou*
	thou haddest	*haddestow*	*haddest thou*

Die Formen mit und ohne Kontraktion wechseln in den einzelnen MSS.
Robinson druckt meist Formen mit Kontraktion.

    Der oblique Kasus der 3.sg.f. erscheint bei Chaucer als *here*, *hire*
und *hir*. Im Reim findet sich stets die Form *here*, im Versinnern in der
Regel *hire*, seltener *hir*.

(29) For he was wys and koude soone espye
      Of every servaunt which that serveth *here*.
      Wel koude he hewen wode, and water ber̩e,   I 1420-1422

      The white Lamb, that hurt was with a spere,
      Flemere of feendes out of hym and *here*   II 459/60

      But swich a smok as I was wont to were,
      That I therwith may wrye the wombe of *here*   IV 886/7

Nominativ und obliquus der 3. Singular neutrum lauten gewöhnlich *it*, doch
findet sich mitunter noch die alte Form *hit*, *hyt*.

(30) "Hyt am I," quod this messager.   BD 186
      Whoso to knowe hit hath purpos;   HF 377

In der 3. Person Plural findet sich im Nominativ stets die aus dem
Skandinavischen entlehnte Form *they*, im obliquen Kasus hat Chaucer immer
die heimische Form *hem* verwendet.[11]

(31) With lokkes crulle as *they* were leyd in presse I 81
      (So priketh *hem* nature in hir corages);   I 11

A 48: Beurteilen Sie aufgrund der Belege in (24) und (25) die folgende
      Feststellung: "Das seit dem 12.Jh. auftretende *I* erscheint zuerst
      nur vor Konsonant, vor Vokal und /h/ steht *ich*. Diese Verteilung
      gilt noch bei Chaucer,..."(Moessner/Schaefer 1974: 92).

A 49: Stellen Sie Quantität und Qualität des < e > in *here* fest.

A 50: Können Sie aufgrund der folgenden Stellen entscheiden, ob Chaucer
      hire ein- oder zweisilbig gesprochen hat?
      1) Another NONNE with *hire* hadde she,   I 163
      2) Repleccioun ne made *hire* nevere sik;   VII 2837
      3) As thow doost myn to longen *hire* to see,   TC V, 597
      4) This Theseus of *hire* hath leve take,   LGW 2137
      5) Swych sorwe hath she, for she besette *hire* so. LGW 2558

L: ten Brink (1920: § 247), Brunner (1938; 1967: § 51-53), Mossé
      (1952: § 64-65), Dürmüller/Utz (1974: 39 f.).

3.3.2 Pronomina mit '-self'

Zur Verstärkung eines Personalpronomens und zur Bildung von Reflexivpronomina sind bei Chaucer die folgenden Kombinationen verwendet:

----

11 *them* findet sich gelegentlich in einigen Chaucer-Handschriften;
    in der Ausgabe von Robinson nur in RR (4818, 4842, 7038).

	1.P.	2.P.	3.P.	
Sg	myself(e) myselve(n)	thyself thyselve(n)	hymself(e) hymselve(n)	m
			her/hirself(e) her/hirselve(n)	f
			itself itselve	n
Pl	ourself usselven	your(e)self(e) youreselve(n)	hemself hemselve(n)	

Diese Formen finden sich insgesamt 620 Mal bei Chaucer, davon 250 Mal (40%) *hymself/-selven*. Die Formen auf *-self* sind häufiger belegt, die Wahl dürfte lediglich vom Metrum abhängig gewesen sein (vgl. Kapitel 2.3.2.4).

Zur Verstärkung des Personalpronomens:

(32)	I wol *myselven* goodly with yow ryde,	I 803
	For wel thou woost *thyselven*, verraily,	I 1174
	He taughte, but first he folwed it *hymselve*.	I 528
	For she *hirself* wolde al the contree lede.	II 434
	also is schrewidnesse *itself*	Bo.IV p 3,65
	But as we may alday *oureselven* see,	TC II, 1331
	Ye woot *yourself* she may nat wedden two	I 1835
	With face boold they shulle *hemself* excuse,	IV 2269

Anstelle des Personalpronomens:

(33)	A MAUNCIPLE, and *myself* - ther were namo.	I 544
	Hymself drank water of the well,	VII 915
	And but *youreselven* telle us what it is,	TC II, 131

Als Reflexivum:

(34)	ther maketh no man *himselven* riche,	VII 1582
	the fool correcteth and amendeth *hymself*.'	VII 1710
	What list yow thus *youreself* to disfigure,	TC II 223

Self/selve findet sich ausserdem zur Verstärkung der Demonstrativa *thilke*, *that* und *this* (vgl.3.3.6), sowie des bestimmten Artikels *the*.

(35)	thow mayst nat yit seen thilke *selve* welefulnesse."	
		Bo.III p 1, 38/9
	Til she was slayn, right in the *selve* place.	V 1394
	And in that *selve* moment Palamon	I 2584
	"But with this *selve* swerd, which that here is,	TC IV 1240

A 51: Stellen Sie die wesentlichsten Unterschiede zum ne. Gebrauch der Formen auf *-self* fest.

L: Brunner (1938; 1967: § 55).

3.3.3 Possessiva

Die Grundformen lauten:

	1.P.	2.P.	3.P.		
			m	f	n
Sg	my	thy	his	hir	his
Pl	oure	youre		her	

Vor Vokal oder /h/ stehen in der 1. und 2.P.Sg. Formen mit /n/: myn(e), thyn(e). Die Formen auf < -e > sind Pluralformen, die jedoch immer einsilbig auszusprechen sind.

> (36) Now, by *my* fader soule that is deed,
>   But ye be myrie, I wol yeve yow *myn* heed!   I 781/2
>
>   Right at *myn* owene cost, and be youre gyde;   I 804
>
>   Baar I stifly *myne* olde housbondes on honde   III 380

Auch von *his*, m. und n. finden sich Pluralformen auf < -e >: *hise*; Robinson druckt jedoch immer *his*.

So wie *his* einsilbig ist, sind auch die Formen *oure* und *youre* einsilbig zu lesen, unabhängig davon ob sie mit einem Singular oder Plural stehen, und unabhängig vom Anlaut des folgenden Wortes.

> (37) And after wol I telle of *our* viage
>   And al the remenaunt of *oure* pilgrimage.
>   But first I pray yow, of *youre* curteisye,   I 723-725
>
>   Greet chiere made *oure* Hoost us everichon,   I 747
>   Whan that we hadde maad *oure* rekenynges,   I 760
>   This thyng was graunted, and *oure* othes swore   I 810

Substantivisch finden sich Formen mit < -s >: *oures, youres* und für die 3. Person *hir(e)s*.

> (38) To stoore with a place that is *oures*.
>   God helpe me so, I wolde it were *youres*!   VII 273/4
>
>   I moot been *hires*, I may noon oother chese.   II 227

> Wher it be likker oure professioun,
> Or *hirs* that swymmen in possessioun. III 1925/6

His steht für m. und n. der 3.P. sg.; die Form *its* erscheint erst im Ne. Die 3. Person Plural lautet bei Chaucer durchgängig *her*, lediglich in der Reeve's Tale findet sich einmal *thair* als bewusst nördliche Dialektform.

(39)   A wilde fyr upon *thair* bodyes falle!   I 4172

A 52: In welchen Fällen halten Sie *his* für ein Neutrum der 3. Person Singular?

1) Aufgabe (18) Zeile 1-8.
2) That Emelye, that fairer was to sene
   Than is the lylie upon his stalke grene,   I 1035/6
3) Forthi men seyn, ecch contree hath his lawes   TC II 42

L: ten Brink (1920: § 248), Brunner (1938; 1967: § 54), Mossé (1952:
      § 66).

3.3.4   Relativa

Chaucer gebraucht die folgenden Relativa:

> that
> which
> who,whos,whom
> what

(40)   Ther was, as telleth Titus Livius,
        A knyght *that* called was Virginius,   VI I/2
        The knyght cam *which* men wenden had be deed. III 2029
        Who has no wyf, he is no cokewold.   I 3152
        And knew it wel, and *whos* it was hym tolde;   TC II 1190
        To love my lady, *whom* I love and serve,   I 1143
        Whan folk in chirche had yeve him *what* hem leste, III 1735

Darüber hinaus finden sich folgende Kombinationen bzw. Erweiterungen von Relativa:

> which that
> whom that

(41)   Of Cadmus, *which that* was the firste man   I 1547
        Oonly the sighte of hire *whom that* I serve   I 1231

> the which (that)[12]

---

12 Das Verhältnis von *which* zu *the which* bei Chaucer ist ungefähr 9:1. Ueber pleonastisches *that* vgl.2.3.2.3.

(42) Among *the whiche* pointz yspoken was,   I 2972
      Now was ther of that chirche a parissh clerk,
      The which that was ycleped Absolon.   I 3313

```
who so (that)[13]
who so evere (that)
what so (that)
what so evere.
```

(43) For *whoso* dooth, a traitour is, certeyn.   VI 89
      Whoso that wole his large volume seke,   II 60
      that *whosoevere* wol remembren   Bo.III p 7, 9/10
      whoso that evere seketh to geten   Bo.III p 9, 119
      For certes, *what so* any womman seith,   VII 2912
      For *what so that* this carpenter answerde,   I 3843
      O thou, *what so evere* thou be   Bo. I m 5, 49/50

Die Verwendung der Relativa unterscheidet sich noch beträchtlich vom
heutigen Gebrauch: *That* ist das am häufigsten verwendete Relativum, es
tritt für Sg. und Pl., für Nominativ und Obliquus ein, es leitet er-
weiternde und einschränkende Relativsätze ein. In den gleichen Funktionen
findet sich das seltener verwendete *which*.[14]

Die folgenden Tendenzen im Gebrauch von *that* und *which* lassen sich
feststellen: *that* bezieht sich häufiger auf Personen, es folgt häufiger
einem Superlativ und eher auf Personen als *which*; *which* hingegen wird
(wie *whos* und *whom*) mit Präpositionen verwendet und bezieht sich häufiger
auf einen ganzen Satz.

(44) And by *that lord that* clepid is Seint Yve,   VII 227
      As I, on which the *faireste and the beste*
      That evere I say, deyneth hire herte reste?   TC III, 1281
      To *me, that* am thy cosyn and thy brother   I 1131

(45) This mayde, *of which* I wol this tale expresse, VI 105
      Foure gleedes han we, which I shal devyse, -   I 3883

Who kommt als Relativum bei Chaucer nur in der Bedeutung "derjenige, der"
vor (vgl.(40)), *whos* und *which* finden sich auch attributiv verwendet.

(46) Highte this clerk, *whos* rethorike sweete   IV 32
      That made a book agayn Jovinian,
      In *which* book eek ther was Tertulan,   III 676

A 53: Vergleichen Sie unter Heranziehung der Sätze in (40) - (46) die
      Verwendung der Relativa im Ne. mit dem Gebrauch bei Chaucer.

---

13 Die Erweiterungen von *who so* mit *evere* finden sich nur im Prosatext Bo.:
    whosoevere 3 Mal, *who so that evere* 4 Mal; *what so evere* kommt jedoch
    auch in der Dichtung vor (z.B. TC I, 497).

14 Chaucer verwendet *that* und *which* etwa im Verhältnis 8:2.

L: Winkler (1933), Brunner (1938; 1967: § 59), Mustanoja (1960: 187-208).

3.3.5 Interrogativa

Folgende Pronomina stehen Chaucer zur Verfügung:

Sg. / Pl.

Nom	who, what, which
Gen	whos
Obl	whom, what, which

Das Pronomen *which* ist bei Chaucer zwar häufiger als Relativum verwendet, doch lassen sich auch Belege für die interrogative Funktion finden.

(47)	*Which* was the mooste fre, as thynketh yow?	V 1622
	And lat se *which* of yow shal bere the belle,	TC III, 198
	"*Which* hous?" quod she, and gan for to byholde,	TC II, 1189

Who and *what* haben sich als Relativa nur selten gefunden (3.3.4), als Interrogativa kommen sie jedoch sehr häufig vor.

(48)	Lat se now *who* shal telle the first tale.	I 831
	Who looketh lightly now but Palamoun?	I 1870
	What sholde he studie and make hymselven wood,	I 184
	"*What* folk been ye, that at myn homcomynge	
	Perturben so my feste with criynge?"	I 905/6
	Telle *what* womman that it sholde be;	IV 247

Whos und *whom* als Interrogativa:

(49)	"*Whos* is that faire child that stondeth yonder?"	II 1018
	Sholde nat telle *whos* children that they were,	IV 770
	Syth she is ded, to *whom* shul we compleyne?	Pity 28
	But for I noot to *whom* it myght displese,	VII 3260

Zusätzlich zu den genannten Pronomina finden wir bei Chaucer das disjunktive Interrogativum *whether* und dessen kontrahierte Form *wher*, (welcher (von zweien)).

(50)	"*Wheither* seistow this in ernest or in pley?"	I 1125
	Wher shal I calle yow my lord daun John,	
	Or daun Thomas, or elles daun Albon?	VII 1929/30

A 54: Vergleichen Sie den Gebrauch bei Chaucer mit dem heutigen.

L: Brunner (1938; 1967: § 60).

3.3.6 Demonstrativa

Als Demonstrativa finden sich bei Chaucer:

	Sg	Pl
I	this	thise, these
II	that	tho

Während die Formen in I immer demonstrativ sind, stehen die Formen in II in ihrer Funktion dem bestimmten Artikel nahe.

> (51) *This* worthy lymytour was cleped Huberd.   I 269
> As doon *thise* loveres in hir queynte geres,   I 1531
> And on *that* oother syde a gay daggere   I 113
> Out of the gospel he *tho* wordes caughte,   I 498

Die Form *those* findet sich bei Chaucer noch nicht.

Ferner findet sich als Verstärkung von *the*, *this* und *that* das Demonstrativum *ilke*. *The* + *ilke* verschmilzt zu *thilke*.

> (52) But *thilke* text heeld he nat worth an oystre;   I 182
> *This ilke* worthy knyght hadde been also   I 64
> How that we baren us *that ilke* nyght,   I 721

L: Brunner (1938; 1967: § 56-58), Mossé (1952: § 67 - 69), Rennhardt (1962).

3.3.7 Indefinita

Die folgende Uebersicht umfasst die wichtigsten Indefinita bei Chaucer:

> all, aller,
> any, eny, anything
> aught, naught, nat
> bothe
> ech, echon
> either, outher,
> elles
> fele
> every, everich, everychon, everything
> man, men
> many
> noon, naan, neen, na, no
> oon, a
> oother, another,
> som(e), somthing, somdel, somwhat
> swich, slyk, swilke

L: Mossé (1952: § 73), Brunner (1938; 1967: § 61-67).

3.4.   A r t i k e l

3.4.1   Der bestimmte Artikel

Der bestimmte Artikel lautet bei Chaucer *the*. Das < -e > kann vor Vokal -
wie in Kapitel 2.3.1.1 (30) gezeigt wurde - elidiert sein. Mit der
Präposition *at* verschmilzt der Artikel zu *atte*.

(53)   And wel we weren esed *atte* beste.   I 29
       But trewely to tellen *atte* laste,   I 7o7

3.4.2   Der unbestimmte Artikel

Der unbestimmte Artikel hat bei Chaucer die Formen *an* und *a*, die komplementär verteilt sind: *an* steht vor Vokal und /h/, *a* vor den übrigen
Konsonanten.

(54)   For to han been *a* marchal in *an* halle.   I 752
       And fareth now weel! my tale is at *an* ende.   II 1159

A 55: Aus welcher Wortart entwickelt sich der bestimmte und der unbe-
      stimmte Artikel?

L: Mossé (1952: § 67), Kerkhof (1982: § 712-731).

3.5   A d v e r b i a

3.5.1   Bildung und Form der Adverbia

In einer Reihe von Fällen haben die Adverbia die gleiche Form wie die
Adjektiva: *certain*, *large*, *late*, u.a.

(55)   So greet wepyng was ther noon, *certayn*,   I 2831 adv.
       And sette a soper at a *certeyn* pris,   I 815 adj.
       Al speke he never so rudeliche and *large*,   I 734 adv.
       A *large* man he was with eyen stepe -   I 753 adj.

Die meisten Adverbia werden in der Sprache Chaucers auf < -e > oder
< -ly > gebildet. Adverbia auf < -e > sind von gleichlautenden Formen
der Adjektiva formal nicht getrennt. Hierher gehören *brighte*, *clere*,
faire, *longe*, *soore* u.a. (vgl. die entsprechenden Adjektiva in 3.2.1).

(56)   And in a clooth of gold that *brighte* shoon,   IV 1117
       Wel koude he sitte on hors and *faire* ryde.   I 94
       He may nat wepe, althogh hym *soore* smerte.   I 230

Zu den Adjektiva auf < -ly > gehören: *boldely*, *esily*, *finally*, *fully*,
sikerly, *worthily*, *shortly*, *soothly*, *trewely* u.a.

(57)	But *boldely* she seyde, and that anon;	VII 401
	But *finally,* as in conclusioun,	II 215
	Right as the Friday, *soothly* for to telle,	I 1534

Die Formen auf < *-liche* > werden von den gleichen Adjektiven gebildet wie die auf < *-ly* >, kommen jedoch seltener vor. Es finden sich z.B. die folgenden Paare:

(58)	*esily*	–	*esiliche*
	fully	–	*fulliche*
	roially	–	*roialliche*
	rudely	–	*rudeliche*

Einige Adverbia weisen die Endung < -es > oder < -en > auf. Hierher gehören auf < -es >: *algates, amiddes, amonges, bisydes, bitymes, elles, hennes, ones, nedes, thennes, thries, togidres, twies, unnethes,whennes.*

(59)	That *thennes* wolde it noght of al a tyde;	II 510
	And *thries* hadde she been at Jerusalem;	I 463
	He stood; *unnethes* seyde he wordes mo,	IV 318

Auf < -en > lauten *aboven, abouten* und *often,* die sich alle auch ohne /-n/ finden.

(60)	as it is *aboven* expressed and declared,	VII 1785
	But we goon wrong ful *often,* trewely.	I 1267

Zu manchen Adjektiven gibt es Adverbia sowohl auf < -e > als auch auf < -ly >, z.B. *large ~ largely,*

(61)	Al speke he never so rudeliche and *large,*	I 734
	That coste *largely* of gold a fother.	I 1908

A 56: Die Suffixe *-ly* und *-lyche* wurden nicht nur zur Bildung von Adverbien verwendet, vgl. den Text der Aufgabe 45. Nennen Sie Beispiele für das Ne., in denen *-ly* nicht Adverbialendung ist.

L: ten Brink (1920: 133 Anm.), Gross (1921), Fettig (1934), Brunner (1938; 1967: § 47-48), Fisiak (1965: § 5.34 - 5.35, § 5.72 - 5.75), Kerkhof (1982: § 756-761).

3.5.2 Komparation

Wie Adjektivkomparative auf /-ər/ finden sich die Adverbialformen *fairer, faster, harder, longer, murier, ofter* und *soner.* Als Superlativ findet sich *sonest.*

(62)	And yif ye wene to lyve the *longer*	Bo.II m.7, 26/7
	God woot that wel the *sonner* spedde he.	TC II 686
	Whan he leest weneth, *sonnest* shal he falle."	VII 2526

Zur unregelmässigen Steigerung gehören:

(63)
wel	–	*bet(tre)*	–	*best*	
fer	–	*ferre*	–	*ferrest*	
	–	*ferrer*	–		
	–	*ferther*	–		
bad	–	*worse*	–	*worst*	
	–	*werre*	–		
long	–	*lenger*	–	*lengest*	
much	–	*more*	–	*most*	
neigh	–	*neer*	–	*next*	
ny		*ner*			
little	–	*lass*	–	*leeste*	
	–	*less*	–		

Man vgl. auch die in 3.2.1 (19) genannten Superlativkomposita, die mit *aller/alder* beginnen.

A 57: Stellen Sie die wesentlichen Unterschiede der Steigerungsformen der Adverbia zum Ne. fest.

L: Kerkhof (1982: § 739 ff.).

3.6 N u m e r a l i a

3.6.1 Kardinalzahlen

Bei Chaucer finden sich die folgenden Formen:

(64)
oon ~ oo ~ o	*ellevene*
two ~ tweye ~ tweyne	*twelf ~ twelve*
thre	*thrittene*
foure	–
fyf ~ fyve	*fiftene*
six(e)	–
seven(e)	*seventene*
eight(e)	*eigtheteene*
nyne	*nynetene*
ten	*twenty*

thritty, fourty, fifty, sixty, --, --, nynety, hundred, thousand.

Die Form *oon* findet sich vor Vokal und vor Konsonant, *oo* nur vor Konsonant. Im Reim steht immer *oon*.

(65)
But soore wepte she if·oon of hem were deed,	I 148
Noght o word spak he moore than was neede,	I 304
Of fees and robes hadde he many oon.	I 317

Chaucer verwendet die drei Formen *two*, *tweye* und *tweyne* ohne Unterschied, vor allem nach den Bedürfnissen des Reims.

<pre>
(66) To Caunterbury-ward, I mene it so,
      And homward he shal tellen othere *two*,   I 793/4
      Upon a day he gat hym moore moneye
      Than that the person gat in monthes *tweye*;   I 703/4
      That nevere, for to dyen in the peyne,
      Til that the deeth departe shal us *tweyne*,   I 1133/4
</pre>

Für die Verteilung der Formen für 5 und 12 gibt es keine feste Regel[15].
Im Reim steht immer *twelve*, attributiv häufig auch *twelf*.

<pre>
(67) But Cristes loore and his apostles *twelve*
      He taughte, but first he folwed it hymselve.   I 527/8
      Twelf yeer he regned, as seith Machabee.   VII 2655
</pre>

Aus dem Frz. sind die Formen

<pre>
      für 3:   *treye*
      für 5:   *cynk*
      für 6:   *sys*
      für 12:   *duszeyne* entlehnt.
</pre>

<pre>
(68) Sevene is my chaunce, and thyn is *cynk* and *treye*!" VI 653
      Thy *sys* Fortune hath turned into aas,   VII 2661
      Of which ther were a *duszeyne* in that hous   I 578
</pre>

Die zwischen 20 und 100 liegenden Zahlen werden wie im Dt. gebildet:
*foure and twenty, fyve and twenty, eighte and twenty, nyne and twenty,
fyve and fourty*. Lediglich für 99 findet sich einmal in der Prosa die
umgekehrte Reihenfolge: *nynty and nyne*, welche sonst nur bei zwischen-
gestelltem Substantiv vorkommt, wohl aus metrischen Gründen.

<pre>
(69) Of *fyve and twenty* yeer his age I caste.   I 2172
      upon *nynty and nyne* rightful men   X 700
      And yong, but of a *twenty yer and thre*.   LGW 2075
</pre>

3.6.2 Ordinalzahlen

Bei Chaucer finden sich die folgenden Formen:

<pre>
(70) *first(e)*   *sixte*   *twelfte*   17.
      seconde[16]   *seventhe* 13.   *eightetethe*[17]
      thridde   *eighte*   14.   19.
      ferthe ~ fourthe *ninthe*   15.   *twentithe*
      fifthe ~ fifte   *tenthe*   16.
</pre>

---

15 Nach T/K findet sich *fyf* nur in VII 2412. In vielen Fällen werden
    Ziffern verwendet.

16 Neben dem aus dem Frz. entlehnten *seconde* findet sich das heimische
    oother.

17 ten Brink wollte statt *eightetethe* (II 5) die Form *eyghtetenthe*
    ansetzen. Robinson setzt *eightetethe*.

Die Reihenfolge zusammengesetzter Ordinalia ist nur aus einer Stelle ersichtlich.

(71) He wiste it was the eighte and twentithe day II 5
(Robinson 1957, Anm.S.891)

L: ten Brink (1920: § 244-246), Brunner (1938; 1967: § 49 f.),
Mossé (1952: § 76).

3.7   V e r b a

3.7.1 Flexion

In 3.7.1 werden die Flexionsendungen der Verben behandelt. Das Tempus-morphem $\{T\}$ dieser Verben und seine Allomorphe werden in 3.7.2 dargestellt. Die Formen der Präteritopräsentia und einiger unregelmässiger Verben sind in 3.7.3 gesondert aufgeführt.

3.7.1.1 Präsens

Für die Präsensformen gebraucht Chaucer die folgenden Flexionsendungen:

	1.)		2.)		3.)	
(i)	/ən/	~	/n/			für den Inf. und sämtliche Pluralformen.[18]
(ii)	/ə/	~	/∅/			für 1.P.sg.Ind. und 1.3.P.sg.Konj.
(iii)	/əθ/	~	/θ/	~	/t/	für die 3.P.sg.Ind.
(iv)	/əst/	~	/st/			für die 2.P.sg.Ind.

Die erste Spalte gibt jeweils die regelmässige Flexion wieder; die zweite Spalte gilt für die in (75) aufgezählte Gruppe von Verben; die dritte Spalte (nur in (iii)) gibt phonologisch bedingte Alternativformen wieder, wie sie in (72) aufgezählt sind. Zu den Imperativformen vgl. u.(80).

Das Allomorph /-t/ findet sich bei Verben, deren stammschliessender Konsonant /t/, /d/ oder /s/ ist. Neben der 'kontrahierten' Form findet sich meist auch eine 'regelmässige' Form. Nur einheimische Wörter sind von der Kontraktion betroffen. Die folgende Liste bietet eine Auswahl solcher Formen bei Chaucer:

		3.P.sg.
(72) Infinitiv	/-t/	/-əθ/
writen	*writ*	*writeth*
riden	*rit*	*rideth*
abyden	*abit*	*abydeth*
rysen	*rist*	*riseth*

---

18 Wegen des Schwundes von auslautendem /-n/ zur Zeit Chaucers finden sich in den einzelnen MSS Formen mit und ohne /-n/. Fällt das /-n/ aus, so sind die Formen in (i) denen in (ii) gleich.

chesen	*cheest*	*cheseth*
stonden	*stant*	*stondeth*
dreden	*drat*	*dredeth*
senden	*sent*	*sendeth*
leden	*let*	*ledeth*
hyden	*hit*	*hideth*
setten	*set*	*setteth*
hurten	*hurt*	*hurteth*
casten[19]	*cast*	*casteth*

In der Dichtung finden sich die kontrahierten Formen häufiger als in der
Prosa. Die einzelnen MSS weisen oft einen stark abweichenden Gebrauch
auf. Man vgl. z.B.:

(73) For cloude of errour *letteth* hem discerne   TC IV   200 (T/K)
      For cloude of errour *lat* hem nat discerne   TC IV   200 (Rob.)

In vielen Fällen ist die kontrahierte Form die ursprüngliche. Auch wenn
in mehreren Versionen nicht kontrahierte Formen stehen, kann der Rhythmus
der Zeile auf eine ursprünglich kontrahierte Form weisen, wie in (74)ii:

(74) i   And *fyndeth* hire freendes hoole and sounde; II 1150(Rob.)
      ii And *fyndeth* hire freendes ther bothe
                                   hoole and sounde. II 1150(T/K)

In der Prosa ist es schwieriger festzustellen, welche Form Chaucer selbst
benutzt hat. Kontrahierte Formen, die den Schreibern nicht mehr geläufig
waren, konnten leicht gegen regelmässige Formen ausgetauscht werden.

Die folgenden von Chaucer verwendeten Verben flektieren nach der
zweiten Spalte.

(75)

Inf.	1.P.sg.	2.P.sg.	3.P.sg.	Imp.
doon	*do*	*doost*	*dooth*	*do*
fleen	*flee*	*fleest*	*fleeth*	*flee*
sleen	*sle*	*sleest*	*sleeth*	*sle*
leyen			*leith*	*lay*
han	*have*	*hast*	*hath*	*have*
goon	*go*	*goost*	*gooth*[20]	*go*
seyn	*sey(e)*	*seist*	*seith*	

---

19 *casten* kommt aus dem Anord.

20 Neben 154 Belegen von *gooth* findet sich ein einziges Mal die
    umgelautete Form *geth* im Reim auf *deth* (LGW 2145).

Die folgenden auf /ð/ endenden Verba weisen in der 3.P.sg. ebenfalls /θ/ auf. Daneben finden sich unkontrahierte Formen.

(76) Infinitiv	3.P.sg.: /-θ/	3.P.sg.: /-əθ/
writhen	*wryth*	*writhith*
wurthen	*worth*	*wortheth*

In der 3.P.sg. der Verben *beren* und *comen* finden sich ebenfalls kontrahierte neben unkontrahierten Formen:

(77) Infinitiv	3.P.sg.: /-θ/	3.P.sg.: /-əθ/
beren	*berth*	*bereth*
comen	*comth*	*cometh*

Gelegentlich verwendet Chaucer Formen, die nicht in das dargestellte System passen; es handelt sich dabei um Formen aus anderen Dialektgebieten. Man beachte die folgenden Aenderungen:

(78) 2.P.sg.ind.: /- əst/ > /- əs/
      3.P.sg.ind.: /- əθ/   > /- əs/
      Plural ind.: /- ən/   > /- əθ/

Hierher gehören z.B. folgende Stellen:

(79)		
That thou now [thus] hider *brynges*,	HF 1908
In certeyn, as the book us *tellis*.	HF 426
Slyk as he *fyndes*, or taa slyk as he *brynges*.'	I 4130
This *knoweth*, that his heestes *understondeth*,	VI 646

Der Imperativ weist bei Chaucer drei verschiedene Formen auf, für die man zwar eine Grundeinteilung angeben kann, die jedoch häufig durchbrochen ist:

Sing.   /θ/   / ə /
Plural   / ə θ/

Im allgemeinen gilt für die sog. starken Verben im Singular die Endung /∅/, für die schwachen die Endung /- ə/. Manchmal finden sich die Singularformen auch im Plural.

(80) /∅/:   *arys, awak, ber, brek, chees, com,*
             do, drif, drynk, taak, ...

      /- ə /: *defende, herkne, looke, love, make,*
               shewe, write, ...

      /- ə θ/: *cometh, foryiveth, herkneth, looketh,*
                offreth, preyeth, telleth ...

Einige Beispiele:

(81)		
And seith "*Arys*, and *do* thyn observaunce."	I 1045
Thise sely clerkes rennen up and doun	
With "*Keep! keep! stand! stand!* jossa, warderere,	I 4100/1

> "*Go* up," quod he unto his knave anoon,
> "*Clepe* at his dore, or *knokke* with a stoon.
> *Looke* how it is, and *tel* me boldely."   I 3431-3433
> And cried, "O, ho! *awake* anoon!"   BD 179
> "Lordynges," quod he, "now *herkneth* for the beste;
> But *taak* it nought, I prey yow, in desdeyn.   I 788/9

A 58: Stellen Sie ein Paradigma der regelmässigen Verben zusammen.

A 59: Stellen Sie in den folgenden Zeilen aufgrund des Metrums fest, in
welchen Fällen Chaucer sicher die unkontrahierte Form verwendet hat.
Die folgenden Stellen sind aus T/K übernommen.

> 1) But now wol I unto Custance go,
>   That *fleteth* in the see, in peyne and wo,   II 900/1
> 2) Yeres and dayes *fleeteth* this creature   II 463
> 3) Him that she *cheseth*, he shal hir han as swythe;   PF 623
> 4) And *fyndeth* this Jason and thyse other stonde   LGW 1499
> 5) But certeinly no word ne *writeth* he   II 77
> 6) For ever as tender a capon *eteth* the fox,   LGW 1389
> 7) The trayteresse fals and ful of gyle,
>   That al *behoteth,* and no thyng halt,   BD 620/1
> 8) For which he *sendeth* after Emelye,   I 2762

A 60: Stellen Sie fest, welche der in (72) genannten Verben zu den sog.
starken Verben gehören.

A 61: In den folgenden Stellen finden Sie die Formen *bereth* und *cometh*.
In welchen Fällen ist das < e > zu elidieren?

> 1) And which of yow that *bereth* hym best of alle,   I 796
> 2) She *bereth* awey his regne and his richesse,   VII 2242
> 3) And eek the mekeste oon that *bereth* lyf;   IV 1552
> 4) For after this I hope ther *cometh* moore.   I 3725
> 5) Now *cometh* the point, and herkneth if yow leste.   I 2208
> 6) Soone after *cometh* this constable hoom agayn,   II 603
> 7) Thy gentilesse *cometh* fro God allone.   III 1162

L: Wild (1915: § 90), ten Brink (1920: § 181-186, § 194), Brunner (1938;
1967: § 68).

3.7.1.2 Präteritum

Für die Präteritalformen gebraucht Chaucer die folgenden Flexionsendungen:

> (i)   /∅/ für die 1.u.3.P.sg. der starken Verben[21] und
>   vieler aus dem Frz. kommenden Verben
> (ii) / ə / für die 1.u.3.P.sg. der schwachen Verben,[21]
>   für die 2.P.sg. der starken Verben und
>   für alle Singularformen des Konjunktivs.

---

21 Zur Differenzierung in starke und schwache Verben vgl. u.3.7.2.

(iii) /ə st/ für die 2.P.sg. der schwachen Verben und der
       aus dem Frz. kommenden Verben.

(iv) /ə n/ für alle Pluralformen.

Für /-ə/ gelten die allgemeinen Regeln der Synkope und Apokope (vgl.
Kapitel 1.1.4, 2.3.1.1 und 2.3.2.2). Wie beim Präsens kann auch in
den Pluralformen des Präteritums auslautendes /-n/ nicht mehr gesetzt
werden. Regelmässig fehlt /-ə/ der 1. und 3.P.sg. bei einigen schwachen
Verben, wie z.B. *folwen, axen, wypen, looken, thanken.*

(82) He taughte, but first he *folwed* it hymselve.   I 528
      This Briton clerk hym *asked* of felawes   V 1179
      Dispitously he *looked* and answerde,   I 1124

A 62: Stellen Sie ein Paradigma eines schwachen Verbs zusammen.

L: ten Brink (1920: § 189-192), Brunner (1938; 1967: § 68).

3.7.1.3 Infinite Formen

Bei Chaucer finden sich folgende Formen:

Infinitiv:	/-(ə)n/	für alle Verben
Gerund:		
Partizip präs.	/-in g(ə)/	für alle Verben
Partizip prät.	/- ə (n)/	für starke Verben
	/- ə d/ ~ /-d/ ~ /-t/	für schwache Verben und
		aus dem Frz. entlehnte Verben

(83) Lat *se* now who shal telle another tale;   I 3116
      Abyd, and lat us *werken* thriftily."   I 3131
      Whilom ther was *dwellynge* at Oxenford   I 3187
      For trewely the game is wel *bigonne.*   I 3117
      Hadde *lerned* art, but al his fantasye
      Was *turned* for to lerne astrologye,   I 3191/2

Die Partizipia prät. weisen häufig das Präfix *y-* auf

(84) Whan that the Knyght had thus his tale *ytoold,* I 3109
      And folwed hym with mosel faste *ybounde,*   I 2151

A 63: Stellen Sie sämtliche Verbalformen auf /-n/ zusammen.

L: Brunner (1938; 1967: § 68)

3.7.2 Das Präteritalmorphem { T }

Das Präteritalmorphem { T } weist verschiedene Allomorphe auf. Verba mit
den Allomorphen /-ə d/, /-d/ und /-t/ werden - soweit es sich um Wörter
germanischer Herkunft handelt - schwache Verben, solche mit ersetzenden

Allomorphen starke Verben genannt. Die aus dem Frz. entlehnten Verba schliessen sich den schwachen Verben an.

3.7.2.1 Präteritalbildung mit den Allomorphen /- əd/, /-d/ und /-t/

Das übliche und produktive Allomorph ist /- əd/, das direkt an den Verbalstamm antritt ohne ihn zu verändern.

(85) Inf.   Prät.1.P.sg.

    loven   *lovede*
    lyven   *lyvede*
    stiren   *stirede*
    wonen   *wonede*

Vor allem die aus dem Frz. entlehnten Verba folgen diesem Muster.

(86) Inf.   Prät.1.P.sg.

    passen   *passed*
    plesen   *plesed*
    purtreyen   *purtreyed*
    preisen   *preised*
    purchace   *purchaced*

Nur bei einigen Verben auf /-r/ oder Diphthong findet sich das Allomorph /-d/ ohne Veränderung des Stammvokals oder Stammauslauts.

(87) Inf.   Prät.1.P.sg.

    feren   *ferde*
    heren   *herde*
    seyen   *seyde*
    pleyen   *pleyde*
    preyen   *preyde*

Die Verben mit den Allomorphen /-d/ und /-t/ bilden eine geschlossene Klasse, bei denen es zusätzlich im Präteritum zu einer Aenderung des Stammvokals und/oder des stammschliessenden Konsonanten kommt.

Bei den folgenden Verben wechselt der Stammvokal. Die Typen des Konsonantenwechsels sind in (93) zusammengefasst.

(88) Präs.   Prät.

    /e/   /ɔ̄/   *sellen*   -   *solde*
                    tellen   -   *tolde*
         /au/   *recchen*   -   *raughte*
                    strecchen -   *straughte*
         /ai/   *blenchen* -   *bleynte*
                    drenchen -   *dreynte*
         /ou/   *thenken*   -   *thoughte*
                    werken   -   *wroughte*
                    recchen   -   *roughte*

```
(89)    Präs.    Prät.

        /ē/      /e/      wepen    -    wepte
                          crepen   -    crepte
                          cleeven  -    clefte
                          slepen   -    slepte
                          kepen    -    kepte
                          greten   -    grette
                          meten    -    mette
                          feeden   -    fedde
                          feelen   -    felte
                 /o/      lesen    -    loste

(90)    Präs.    Prät.

        /ɛ̄/      /e/      lenen    -    lente
                          menen    -    mente
                 /a/      leven    -    lafte
                          sweten   -    swatte
                          leden    -    ladde    ledde
                          spreden  -    spradde
                          dreden   -    dradde
                          reden    -    radde
                          sheden   -    shadde   shedde
                 /au/     techen   -    taughte

(91)    Präs.    Prät.

        /i/      /ou/     thinken  -    thoughte
                          bringen  -    broughte


(92)    Präs.    Prät.

        /ī/      /ou/     byen     -    boughte
                 /i/      kythen   -    kidde
```

Vor dem Allomorph /-t/ wechselt häufig der stammauslautende Konsonant.
Die folgenden Aenderungen sind zu beobachten:

```
(93)    /tʃ/   >   /χ/      recchen   -    raughte
                            strecchen -    straughte
                            recchen   -    roughte
                            techen    -    taughte
        /tʃ/   >   /∅/      fecchen   -    fette
        /ntʃ/  >   /n/      blenchen  -    bleynte
                            drenchen  -    dreynte
        /(n)k/ >   /χ/      thenken   -    thoughte
                            thinken   -    thoughte
                            werken    -    wroughte  (+Metathese!)
        /v/        /f/      cleeven   -    clefte
                            leven     -    lafte
        /z/        /s/      lesen     -    loste
        /n g/      /χ/      bringen   -    broughte
```

A 64: Erklären Sie die lautlichen Veränderungen zwischen Präsens und
      Präteritum der Verba in (87) im Ne.

A 65: Wie erklären Sie den Unterschied im Stammvokal der Verba in (89)?

L: Wild (1915: § 91-95), ten Brink (1920: § 158-179), Brunner (1938;
       1967: § 70-71).

3.7.2.2 Präteritalbildung mit ersetzenden Allomorphen - starke Verba

Es ist nicht in allen Fällen mit Sicherheit zu bestimmen, welche Formen
Chaucer selbst verwendet hat, da die einzelnen MSS oft stark voneinander
abweichen. Die folgende Zusammenstellung kann daher nur eine Auswahl
bieten. Man beachte, dass neben den starken Formen gelegentlich auch
schwache Formen (3.7.2.1) auftreten. Der Vokal des Prät.Plural oder des
Part.Prät. kann in den Singular eindringen und dort zu Mischformen
führen. Am häufigsten erscheinen im Prät.sg. die Vokale /a/ und /ɔ̄/;
diese Verben werden als Typ A und Typ B behandelt. Als Typ C werden die
übrigen Verben zusammengefasst. Untertypen ergeben sich zunächst durch
den Präsensstamm, und dann durch die unterschiedliche Bildung des
Plurals und des Part.prät.

3.7.2.2.1 Typ A: Präteritum sg./a/

1. Präsens: /i/		Prät.pl./u/		Part.prät./u/
(94) drynken	- drank[22]	- dronken	-	dronken
ginnen	- gan	- gonnen	-	
bigynnen	- bigan	- bigonnen	-	bigonnen
shrinken	- shrank	-	-	
sinken	- sank	- sonken	-	sonken
spinnen	- span	- sponnen	-	
stynken	- stank	-	-	
swymmen	-	- swommen	-	
swynken	-	-	-	swonken
wynnen	- wan	-	-	wonnen

		Prät.pl./ō̆/~/ɔ̄/		Part.prät./u/
	- nam	-	-	nomen
bynymen	-	-	-	bynomen

		Prät.pl.		Part.prät.
		/ē/ ~ /ɛ̄/		/ɛ̄/
bidden	- bad	- beden[23]	-	beden
	- forbad	-	-	
sitten	- sat	- seeten	-	seten

---

22 2.P.sg.prät. *thou drank.*

23 Nebenformen Plural prät. *baden,* Part.prät.*bidden.*

2. Präsens /e/　　　　　　Prät.pl./o/　　　　Part.prät./o/

(95)

bresten	-	brast	-	brosten[24]	-	brosten
delven	-	dalf	-	dolven[25]	-	dolven
helpen	-	halp[26]	-		-	holpen
kerven	-	carf	-	korven	-	corven
melten	-	malt	-		-	molten
sterven	-	starf	-	storven	-	storven
swellen	-	swal	-		-	swollen

　　　　　　　　　　　　　Prät.pl./u/　　　　Part.prät./u/

rennen	-	ran	-	ronnen	-	ronnen

3. Präsens /ē̆/　　　　　　Prät.pl.　　　　　Part.prät.
　　　　　　　　　　　　　/ē/ ~ /ē̆/　　　　/ɔ̄/

(96)

beren	-	bar[27]	-	beren	-	boren[28]
breken	-	brak	-		-	broken
tobreken	-		-		-	to broken
heven	-	haf[29]	-		-	
sheeren	-		-		-	shoren[28]
stelen	-	stal	-		-	stolen
sweren	-	swar[30]	-	sweren	-	sworen[28]
teren	-		-		-	
toteren	-	totar	-		-	totoren[28]
treden	-	trad	-		-	troden
wreken	-	wrak	-	wreken	-	wroken[32]
speken	-	spak	-	speken[31]	-	spoken
weven	-	waf	-		-	woven

　　　　　　　　　　　　　Prät.pl.　　　　　Part.prät.
　　　　　　　　　　　　　/ē/ ~ /ē̆/　　　　/ē̆/

eten	-	eet[33]	-	eten	-	eten
freten	-		-	freten	-	freten
geten	-	gat	-		-	geten
forgeten	-	forgat	-		-	forgetten
foryeten	-		-		-	foryetten
kneden	-		-		-	kneden
biquethen	-		-		-	biquethen
	-	was	-	were	-	
yeven	-	yaf	-	yaven[34]	-	yeven
foryeven	-	foryaf	-		-	foryeven[35]

---

24 Nebenformen: *brasten, bresten, brusten.*
25 Daneben die ursprüngliche Form *dulven.*
26 Nebenform: *help.*
27 Neben *ber* nach dem Plural.
28 Nebenformen: *born, totorn, shorn, sworn* mit Synkope des /ə/.
29 Daneben *hef* und *heved* mit /ē̆/.
30 Daneben Sg. *swor.*
31 Daneben *spaken* mit /ā/.
32 Part.prät. auch *wreken.*
33 Streng synchron nicht hierherzustellen; der Singularvokal analog dem

	Prät.pl./ō/	Part.prät./u/

(97)

comen	-	cam[36]	-	comen	-	comen

A 66: Stellen Sie die Entwicklung der in (95) angeführten Verba im Ne. fest.

A 67: Worauf führen Sie den Unterschied im Stammvokal von ne. *bear* und *steal* zurück?

A 68: Stellen Sie fest, wie sich die Verba in (96) im Ne. entwickelt haben.

L: Historisch entsprechen die Verba in (94) der 3. und 4. Ablautreihe, die der letzten Gruppe von (94) den j-Präsentia der 5. Ablautreihe. Die Verba in (95) entsprechen der 3., die in (96) der 4. und 5. Ablautreihe. *Comen* in (97) gehört ursprünglich zur 4. Ablautreihe. ten Brink (1920: 136-142), Wild (1915: § 98-100), Brunner (1938; 1967: § 69), Mossé (1952: § 84-86), Fisiak (1968: § 3.29).

3.7.2.2.2 Typ B: Präteritum sg. /ɔ̄/

	1. Präsens: /ī/	Prät.pl. /i/	Part.prät. /i/

(98)

agrysen	-	agroos	-		-	agrisen
byden	-	bood	-		-	biden
abyden	-	abood	-		-	abiden
byten	-	boot	-		-	biten
	-	bistrood	-		-	
dryven	-	droof	-		-	dryven
glyden	-	glood	-		-	glyden
ryden	-	rood	-	riden	-	riden
rysen	-	roose	-		-	risen
arisen	-	aroos	-	arisen	-	arisen
ryven	-	roof	-		-	
shryven	-		-		-	shryven
shynen	-	shoon	-		-	
smyten	-	smoot	-		-	smyten
striken	-	strook	-		-	stryken
stryven	-	stroof	-		-	stryven
thryven	-	throof	-		-	thryven
writen	-	wroot	-	writen	-	writen

Plural: /ē/ ~ /Ē/.

34 Vgl. Fussnote 33. Die 2.sg.prät. heisst *thou yave*.

35 Daneben *foryiven*.

36 Neben *com* mit /ō/.

		Prät.pl. /ū/		Part.prät. /u/
bynden	- boond	- bounden	-	bounden
fynden	- foond	- founden	-	founden
grynden	- grond[37]	-	-	grounden
wynden	-	-	-	wounden
clymben	- clomb[37]	- clomben[38]	-	cloumben

2. Präsens: /i/   Prät.pl. /u/   Part.prät. /u/

(99)	ryngen	- rong	- rongen	-	rongen
	syngen	- soong[39]	- songen	-	songen
		- slong	-	-
	outslingen-	-	-	
	spryngen	- sproong[39]	sprongen	-	sprongen
	styngen	-	-	stongen
	thringen	- throng	-	thrungen
	wryngen	- wroong	-	wrongen

3. Präsens: /ū/   Prät.pl. /u/ ~ /ɔ/   Part.prät. /ɔ/

(100)	shouven	- shoof	- shoven	-	shoven
	louken	-	-	-	loken

A 69: Stellen Sie fest, in welchen der folgenden Fälle, es sich um eine Präsensform (mit /ī/) und in welchen Fällen es sich um eine Präteritalform (mit /i/) handeln könnte.

1) To-morwe, whan ye *riden* by the weye,   I 780

2) But, dame, heere as we *ryde* by the weye,
   Us nedeth nat to speken but of game,   III 1274/5

3) Amorwe, whan that day bigan to sprynge,
   Up roos oure Hoost, and was oure aller cok,
   And gadrede us togidre alle in a flok,
   And forth we *riden* a litel moore than paas   I 822-825

4) The tyme com, fro dyner for to ryse,
   And as hem aughte, *arisen* everichon.   TC II, 1597/8

5) This holde I for a verray nycetee,
   To spille labour for to kepe wyves:
   Thus *writen* olde clerkes in hir lyves.   IX 152-154

6) To loven two, as *writen* folk biforn-   V 551

7) Cenobia, of Palymerie queene,
   As *writen* Persiens of hir noblesse,
   So worthy was in armes and so keene,   VII 2247-2249

---

37 Daneben *grand* und *clamb*.

38 *clomben* nach dem Sg., ebenso *clamben*.

39 Daneben *sang* und *sprang*; 2.sg.prät. *thou songe*.

8) But for to speken of hire eyen cleere,
   Lo, trewely, they *writen* that hire syen,
   That Paradis stood formed in hir yën   TC V, 815-817

9) And by him stoden alle these clerkes
   That *writen* of Romes myghty werkes,   HF 1503/4

10) And seyde that in Rome was swich oon
    They speken of Alocen, and Vitulon,
    And Aristotle, that *writen* in hir lyves
    Of queynte mirours and of perspectives,   V 231-234

11) Lucan, to thee this storie I recomende,
    And to Swetoun, and to Valerie also,
    That of this storie *writen* word and ende,   VII 2719-2721

A 70: Stellen Sie fest, welche der in (98) aufgezählten Wörter im Ne. noch vorkommen und welche Veränderungen sie seit dem Me. durchgemacht haben.

L: Historisch entsprechen die Verba in (98) der 1. und 3. Ablautreihe, die in (99) ebenfalls der 3., die in (100) der 2. Ablautreihe. Vgl. ten Brink (1920: § 127-137), Wild (1915: § 96-98), Brunner (1938; 1967: § 69), Mossé (1952: § 82-84), Fisiak (1968: § 3.29).

3.7.2.2.3 Typ C: Verschiedene Präteritaformen im Sg. /$\bar{\epsilon}$/, /$\bar{o}$/, /$\bar{e}$/, /eu/, /e/, /ou/, /ai/, /au/

1. Prät. sg. /$\bar{\epsilon}$/

	Präsens /$\bar{e}$/		Prät.sg. /$\bar{\epsilon}$/		Prät.pl. /$\bar{o}$/		Part.prät. /$\bar{o}$/
(101)	beden	-	bed	-	beden [40]	-	boden
	cheesen	-	chees	-	chosen	-	chosen
	cleeven	-				-	cloven
	crepen	-	creep[41]	-		-	cropen
	lesen forlesen }[43]	-	lees[42]	-		-	
	sethen	-	seeth	-		-	soden
	sheten	-				-	shoten
	yelden	-	yeld	-		-	yolden

---

40 *beden* ist vom Prät.sg. eingedrungen, daneben findet sich noch *baden*.

41 Daneben mit Allomorph /-t-/: *crepte*, pl. *crepten*.

42 Daneben mit Allomorph /-t-/: *lost*, pl. *losten*, part. prät. *lost*.

43 Dazu part. prät. *lorn/lore*, und *forlorn/forlore*.

2. Prät. sg. /ō/

	Präsens /ā/	Prät.sg. /ō/	Prät.pl. /ō/	Part.prät. /ā/
(102)	baken –	–	–	baken
	faren[44] –	–	–	faren
	forsaken –	forsook –	–	forsaken
	graven –	–	–	graven
	shaken –	shook –	shooken –	shaken
	shapen –	shoop –	–	shapen
	shaven –	–	–	shaven
	–	–	–	stapen
	taken –	took –	tooken –	taken
	waken –	wook –	–	waked[45]
	awaken –	awook[46] –	–	awaked[45]

Präsens /ɔ̄/	Prät.sg. /ō/	Prät.pl. /ō/	Part.prät. /ɔ̄/
stonden –	stood –	stooden –	stonden

/ɛ̄/	/ō/	/ō/	/ɔ̄/
sweren –	swor –	sworen –	sworn

3. Prät. sg. /ē/

	Präsens /ɛ̄/ ~ /ē/	Prät.sg. /ē/	Prät.pl. /ē/	Part.prät. /ɛ̄/~/ē/,/e/,/ā/,/ɔ/
(103)	beten –	beet –	beten	– beten ~ bet
	leten –	leet –	leten	– leten ~ laten
	lepen –	leep –		–
	slepen –	sleep –	slepen	–
	wepen –	weep[47] –		– wopen
	heten[48] –	heet[49] –		– hoten
	holden[50] –	heeld –	helden	– holden

/ɔ̄/	/ē/		
hongen[51]	heeng		

---

44 Im prät. sg. mit /-d-/: ferde

45 Bei Chaucer finden sich nur die angeführten Formen auf /-əd/.

46 Daneben einmal mit /-əd/: awaked.

47 Daneben prät. wepte, part. wept. Neben wopen auch wepen.

48 Daneben hoten und haten.

49 Daneben hatte, hette und highte.

50 Die hierhergehörige Form helden gibt es bei Chaucer nicht.

51 Daneben hangen, prät., auch part.prät. hanged.

4. Prät. sg. /iu/

Präsens /ou/		Prät.sg. /iu/		Prät.pl. /iu/		Part.prät. /ou/
blowen	–	blew	–	blewen	–	blowen
crowen	–	crew	–		–	crowen
growen	–	grew[52]	–		–	growen
knowen	–	knew	–	knewen	–	knowen
sowen	–		–		–	sowen
throwen	–	threw	–	threwen	–	throwen

brewen	–	brew	

5. Prät. sg. /e/

Präsens /a/		Prät.sg. /e/		Prät.pl. /e/		Part.prät. /a/
waxen[53]	–	wex[54]	–	wexen	–	waxen
washen	–	wesh[55]	–		–	wasshen
fallen	–	fell[56]	–	fellen	–	fallen
walken	–	welk[57]				

6. Prät. sg. /ou/

Präsens /au/		Prät.sg. /ou/		Prät.pl. /ou/		Part.prät. /au/
laughen	–	lough[58]			–	laughen[58]
drawen	–	drough[59]	–	drowen	–	drawen
gnawen	–	gnow				

/ē̜/

sleen	–	slough[60]	–	slowen	–	slawen[61]

---

52 Einmal findet sich die Form *growed*.

53 Daneben *wexen*.

54 Daneben *wax* und *wox*.

55 Daneben *wissh*.

56 Daneben *fil*, pl. *fillen*.

57 Daneben mit /-əd/: *walked*, ebenso im Part.prät.

58 Daneben mit /-d/: *laughed*.

59 Es gibt auch *drow*, daneben *drew*.

60 Es gibt auch *slow*.

61 Daneben *slayn*.

7. Prät. sg. /ai/

Präsens /ī/		Prät.sg. /ai/		Prät.pl. /ai/		Part.prät. /ai/
lyen [62]	-	*lay*	-	*layen*	-	*leyn*

/ī/		/ai/				/ī/
wryen	-	*wreigh*			-	*wryen*

/ī/ ~ /ē/		/ai/				/ou/
flye *flee* }	-	*fley*			-	*flowen*

8. Prät. sg. /au/

Präsens /ē/		Prät.sg. /au/		Prät.pl.		Part.prät. /ai/
seen	-	*saugh*[63]			-	*seyn*[64]

/ī/		/au/		/ou/		/ou/
fighten	-	*faught*	-	*foughten*	-	*foughten*

A 71: Stellen Sie fest, welche Entwicklung die in (101) angeführten Verben im Ne. genommen haben.

A 72: Vergleichen Sie die Formen in (102) mit ihren ne. Entsprechungen.

A 73: Zwei der in (104), 1. Gruppe, aufgezählten Verben passen im Ne. nicht mehr zu den restlichen vier. Um welche handelt es sich und wie lauten ihre Formen im Ne.?

A 74: Me. *sowen* ist der Infinitiv von zwei verschiedenen Verben. Um welche Verben handelt es sich und wie lauten ihre Formen im Me. und im Ne.?

L: Historisch entsprechen die Verba in (101) der 2. Ablautreihe, lediglich *yelden* gehört zur 3. Ablautreihe. Die Verba in (102) entsprechen der 6., die in (103) und (104) mit Ausnahme von *brewen*, das zur 2. gehört, der 7. Ablautreihe. Die Verba in (105) gehören zur 6. (*waxen, washen*) und zur 7. Ablautreihe (*fallen, walken*). Die Verba in (106) gehören zur 6., die in (107) zur 1. (*wryen*), 2. (*flyen, flee*) und zur 5. Ablautreihe (*lyen*), und die in (108) zur 3. (*fighten*) und 5. Ablautreihe (*seen*).
Wild (1915: § 96-102), ten Brink (1920: § 127-152), Brunner (1938; 1967: § 69), Mossé (1952: § 82-88), Fisiak (1968: § 3.29).

---

62 Daneben der Infinitiv *liggen*.

63 Daneben *seigh, say*.

64 Daneben *seene, seye*.

3.7.3 Unregelmässige Verben

Die Paradigmata einer Reihe besonders unregelmässiger Verben sind hier angeführt. In 3.7.3.1 sind die Präteritopräsentia zusammengestellt, in Abschnitt 3.7.3.2 die Verben *been, goon, doon* und *wil*.

3.7.3.1 Präteritopräsentia

Die folgenden Formen sind bei Chaucer belegt:

Infinitiv	conne	durre						witen
Präsens								
Sg. 1.	can	dar	may	moot	owe	shal	thar	woot
2.	canst	darst	mayst[65]	most	owest	shalt	tharst	woost
3.	can	dar	may	moot	oweth	shal	thar	woot
Pl.	connen[67]		mowen[67]	moote	owen	shullen[68]	thar[66]	witen[67]
Präteritum								
Sg.u.Pl.	koude	dorste	mighte	moste	oughte	sholde	thurste	wiste
	kouthe	durste						
Part.	kouth							wist

A 75: Geben Sie eine Erklärung für das Fehlen der Endung für die 3.P.sg. Präsens.

L: Wild (1915: § 103-106), ten Brink (1920: § 195), Brunner (1938; 1967: § 72), Mossé (1952: § 98-104).

3.7.3.2 Die Verben 'been, goon, doon' und 'wil'

Die Präsensformen von *goon* und *doon* sind schon in (75) behandelt.

Das Präteritum zu *goon* lautet: *yede ~ wente* (zum Infinitiv *wenden*), das Part.prät. *ygoon*.

Das Präteritum zu *doon* lautet: *dide*, das Part.prät. *ydoon*.

Die Formen von *wil* lauten bei Chaucer:

---

65   Daneben *thou may*.

66   Analog der 1.u.3.P.sg.

67   Daneben *ye can; we, ye, they may; ye woot*.

68   Daneben einsilbige Formen *shul, shal*.

		Präsens			Präteritum
Sg.	1.P.	wil	wol		wolde
	2.P.	wilt	wolt		
	3.P.	wil	wol		Part. prät
Pl.		wil	willen		
		wol	wollen		wold

Die Formen von *been* lauten bei Chaucer:

Präsens	Indikativ	Konjunktiv	Präteritum Ind.	Konj.
Sg.1.P	am		was	
2.P.	art	be	were	were
3.P.	is		was	
Pl.	bee(n) arn	be(en)	weren	weren

Imperativ		Partizip	
Sg.	be	Prät.	been
Pl.	beeth		

L: Wild (1915: § 107-108), ten Brink (1920: § 194 f.), Brunner
    (1938; 1967: § 73-76), Mossé (1952: § 105).

A 1: Kürze liegt vor in: *bak, belle, bliss, box, bulle, fallen, fressh, hunte, konning, mark, purpre, serven, wydwe.*

A 2: Die meisten Wörter dieser Strophe weisen Kürze auf. Keine Kürzen liegen in Wörtern mit 2 Vokalgraphemen vor (*Criseyde, pitously, wroot, ayeyn, seyde*), sowie in einigen Wörtern mit einem Vokalgraphem, für die die Entsprechungen 1.1.3 eben nicht gelten (*she, also, sone, myghte, fynaly*). In *wolde,* ne. *would* findet sich bei Chaucer Kürze und Länge, für *answer* gilt zunächst kurzes /a/ neben dem sich eine Form mit /au/ entwickelt, auf die die ne. Form *answer* [aːnsə] zurückgeht, vgl. 1.1.3.3. Für ne. *her* hat Chaucer *hir,* vgl. 1.1.1.3 (5) und 3.3.1.

A 3: Im folgenden finden Sie die ne. Entsprechungen der me. Wörter. Die me. Lautung ergibt sich in den meisten Fällen für die Kürzen aus 1.1.3 (4), für die Längen aus 1.2.3 (14). Soweit besondere Erscheinungen vorliegen, sind die entsprechenden Nummern in Klammern beigefügt:

worthy (5)	*nose*	*ounce*	*porch* (5)	*food*
tongue	*gout*	*nunnery*	*oath*	*hour* (15, Fn.10)
down	*bone*	*go*	*number*	*soft*
courage	*butterfly*	*both*	*fowl*	*subtle*
cloak	*wood* (16)	*woe*	*board* (15)	*shoe*
love	*town*	*fool*	*box*	*roast*
shop	*cow*	*house*	*tomb* (14)	*pool*
root	*sour*	*loath*	*doubt*	*note*
out	*room* (14)	*roof*	*cousin*	*force* (5)

A 4: Aufgrund des Vergleichs mit dem Ne. müssten Sie die folgenden Wörter leicht einordnen können:

Kürze: *thus, sadde, folk* (7), *in, that, citee, up, and, for* (5), *glad, noveltee, of, hir* (5), *this, mencioun, but, dresse, telle, constance, bisynesse.*

Länge: *peple, gazed, doun, right, lady, toun, namoore, make, I, now.*

Es bleiben einige Diphthonge (*seyden, they, newe, agayn*), sowie Wörter in unbetonter Verwendung (*the, to, a, me*); die me. Wörter *whan, han, wol* finden ihre Fortsetzung in ne. *when, have,* und *will,* die auf andere me. Formen zurückgehen.

A 5: Wörter, die mit einem Konsonantengraphem enden, weisen auf /æ/: *hat, fat;* Wörter, die mit < -e > enden auf /eI/: *hate, fate.* Me. /a/ findet sich in geschlossener Silbe, /ā/ nur in offener Silbe.

A 6: Kürzen: *hath, thise, men, blisse, above, world* (5), *wist, what*
(4, Fn.3), *it, is, chastitee, love, hym, al(le), and, that, nys,*
but, thing, in, for (5̄), *dombe* (3), *charged* (5), *his.*

Längen: *devocioun, chastitee, tho, open, ydoles, been, therto,*
deve, leve.

Diphthonge: *mayde, broght* (23, Fn.13), *certeyn, shewed, pleyn,*
veyn, they.

A 8: Beispiele sind am leichtesten zu me. /ī/, /ā/ und /ɔ̄/ zu finden.
Für /ē/, /Ē̆/, /ū/ und /ō/ finden sich vor allem die Schreibungen
< ee >, < ea >, < ou > bzw. < ow >, und < oo > .

Je 2 Beispiele:

Me. /ī/   Ne. *life, ride*   Me. /ū/   Ne. *house, mouse*
    /ē/   *freeze, geese,*   /ō/   *goose, loose*
    /Ē̆/   *heave, weave*   /ɔ̄/   *home, stone*
    /ā/   *hate, shake*

A 9: Vgl. dazu etwa die Listen in Jones (1957) und Gimson (1980: 261 ff.).

A 10: Kürzen liegen u.a. vor in: *wel, loved* (3), *herte, hun red,*
called, glad;

Unbetonte kurze Vokale: *I* (in Zeile 220; die ne. Lautung /aɪ/ geht
auf die betonte Form mit Länge zurück), *as, with, and, an, fer, was,*
that, my (vgl.*I*), *me, his, to.*

Längen: Im Reim *wight - myght - knyght - ryght - plyght,* sowie
sithe - blithe - swithe - kythe. Ferner *wot, I* (Zeile 221), *oon,*
moore, thousand, disese, deth, lady;

Diphthonge: *ayein,* und *trothe* (ne. *troth*).

Ne. *any* ['enɪ] hat zwar die Schreibung von me. *any* übernommen, die
Lautung geht jedoch auf me. *eni* zurück.

A 12: Wörter, die erst im Verlaufe des Ne. aus dem Frz. übernommen wurden:
gendarme, genre, gigolo, gigue.

A 13: Die fortschreitende (generationsweise) Einbürgerung eines Wortes:
['gæ ra:ʒ > 'gæra:dʒ > 'gærɪdʒ].

A 14: Spelling pronunciation, die auf die relatinisierte Schreibung mit
< t > zurückzuführen ist.

A 15: Im Ne. weisen die meisten Wörter den Diphthong /aɪ/ auf, gefolgt von
/ɔ:/, /eɪ/ und /aʊ/. Im Deutschen haben dagegen die entsprechenden
Wörter einen kurzen Vokal, z.B. *Licht* gegenüber *light* oder *acht*
gegenüber *eight.* Die Längen bzw. Diphthonge sind me. durch Einschub
eines Gleitvokals (/i/ nach palatalen, /u/ nach velaren Vokalen)
vor /χ/ entstanden. Die Entsprechungen sind die folgenden:
Me. (Chaucer)   Ne.

/ai/   /eɪ/   *eight, freight, straight, weight*

/ī/   /aɪ/   *alight, bight, blight, delight, dight*
                    fight, flight, fright, height, knight,
                    light, might, night, plight, right,
                    sight, sleight, tight, wight, wright

Me. (Chaucer)   Ne.

/au/   /ɔ:/   *aught, caught, distraught, fraught,*
                       naught, onslaught, taught

/ou/   /ɔ:/   *bought, fought, nought, ought, sought,*
                       thought, wrought

/ū/   /aʊ/   *drought*

Man beachte auch *draught* [dra:ft].

A 16: < th- > am Wortanfang ist immer stimmlos, ausser in einer ge-
schlossenen Klasse von Pronomina, Artikel und Konjunktionen:
that, the, thee, their, theirs, them, themselves, then, thence,
u. Komposita, *there* u. Komposita, *these, they, thine, this, thither,*
those, thou, thought, thus, thy, thyself.
In *thyme* und einer Reihe von Eigennamen steht < th > für /t/:
Thailand, Thames, Theresa, Thomas, Thompson...

A 17: Zu /l/ vgl. 1.1.1.3 (7), zu /r/ 1.1.1.3 (5) und 1.1.2.3 (15).

A 18: Die folgende Transkription ergibt sich aus dem in Kapitel 1
Gesagten. Die Stelle ist in den verschiedensten Werken auf ganz
unterschiedliche Weise transkribiert, man vgl. etwa Berndt (1960:
235), Clark (1970: 123), Weinstock (1968: 191), Gimson (1980: 85),
Conner (1974: 49). Es kann hier nicht auf alle Unterschiede einge-
gangen werden. Die Betonung ist hier nicht angegeben.

```
ʍan¹ ðat² āpril wið (h)is³ ʃūrəs⁴ sōtə
ðə druχt⁵ of martʃ haθ pērsəd to ðə rōtə
and bāðəd ɛvri vain in switʃ likur
of ʍitʃ vertiu⁶ endʒendrəd is ðə flur
ʍan zefirus ēk wið (h)is swetə brēθ          5
inspīrəd haθ in ɛvri holt and hēθ
ðə tendrə kropəs⁷ and ðə juŋgə sunə
haθ in ðə ram (h)is halvə kūrs irunə
and smālə fūləs mākən melodīə
ðat slēpən al ðə niχt wið ōpən īə            10
sō prikəθ (h)em natiur in hir kurādʒəs
ðan lōŋgən folk to gōn on pilgrimādʒəs
and palmers for tə sēkən straundʒə strōndəs
to fernə halwəs kuθ in sundri lōndəs
and spesialli from ɛvri ʃīrəs endə           15
of eŋgəlōnd to kauntərbri ðai wendə
ðə hōli blisful martir for tə sēkə
ðat (h)em haθ holpən ʍan ðat ðai wər sēkə.
```

1   Statt /ʍ/ in *Whan, which* sind die Varianten /w/, /hw/ oder auch schon
     /w/ denkbar, vgl. 1.2.2.4 (59).

2   In der vorliegenden Transkription ist die Erweichung von /θ/ zu /ð/
     berücksichtigt, daher [wið, ðə, ðat, ðan, ðai], vgl. 1.2.2.4 (54).

3   Die schwache Aussprache von /h/ ist durch die Klammer ausgedrückt,
     vgl. 1.2.2.4 (58).

4   In Flexionsendungen ist neben /ə/ auch mit der Aussprache /i/ zu
     rechnen, also [ʃuris,...] vgl. 1.1.4.1 (27). Zum /s/ vgl. 1.2.2.4 (55).

5   Vor /χ/ wird hier in *droghte* und *nyght* Länge angesetzt, vgl. dazu

ˣ wohl Kürze,) N ſe

A 19: li'cour, pilgri'mages, surge'rye, ,conque'rour, 'compaig,nye,
ho'nour, go'verneth, 'plesaunce, 'honour, 'paleys.
Im Ne. sind alle diese Wörter auf der ersten Silbe betont.

A 20: 1) C, 2) D, 3) C, 4) A, 5) B, 6) B, 7) A, 8) B, 9) A, 10) C, 11) B,
12) D, 13) A, 14) A.

A 21: Ohne Berücksichtigung der Betonungsabstufungen:

This égle, of which I háve yow tóld,
That shón with féthres ás of góld,
Which thât so hýe gán to sóre,
I gân behólde móre and móre,
To sé the béaute ánd the wónder;
But néver wás ther dýnt of thónder,
Ne thát thyng thât men cálle fóuder,
That smóte somtýme a tóur to pówder,
And în his swîfte cómynge brénde,
Thát so swîthe gán descénde
Âs this foúl, when hýt behéld
That I´a-róume was în the féld;   HF 529-540

A 22: Ohne Berücksichtigung der Betonungsabstufungen:

Depárted óf his nórice, ón a dáy
This márkys caúghte yêt anóther lést
To témpte his wýf yet ófter, îf he máy.
O nédelees wás she témpted în assáy!
But wédded mén ne knówe nó mesúre,
Whan thát they fýnde a pácient creatúre. CT IV 618-623

A 23: Inversion findet sich in den Zeilen 2806, 2811 und 2815.
Zäsuren können an den durch Satzzeichen gekennzeichneten
Stellen angenommen werden.

A 24: Vierhebiger Vers:

Ther sáugh I súch tempéste agrýse,
That évery hérte mýght agrýse... Enjambement
To sée hyt péynted ón the wál.
Ther sáugh I gráven éke withál,. Enjambement
Vénus, how yé, my lády dére,.... Enjambement
Wépynge with ful wóful chére,... Enjambement
Práyen Júpitér on hýe.......... Enjambement
To sáve and képe thát navýe..... Enjambement
Óf the Tróian Eneás,
Sýth that hé hir sóne wás.   HF I 209-218

A 25: Die Beispiele entsprechen den Typen: 7.), 2.), 10.), 6.) und
1.) von 2.2.5 (25).

A 15 (1.2.2.4).

6   Sie finden in *vertu* und *nature* auch Transkriptionen mit
/ȳ/, vgl. 1.1.3.3 (22).

7   Die Geminaten in *croppes, sonne, yronne* sind hier nicht
mehr berücksichtigt, vgl. Kapitel 1.2.1.2, L:1.

A 26: The swétnesse háth his hérte pérced só
   Of Crístes móoder thàt, to híre to préye,
   He kân nat stýnte of sýngyng bỳ the wêye.

   Oure fírste fóo, the sérpent Sàthanás,
   That háth in Júes hérte his wáspes nést,
   Up swál, and séide, "O Hébrayk péple, allás!
   Is thís to yôw a thýng that îs honést,
   That swîch a bóy shal wálken às hym lést
   In yóure despît, and sýnge of swîch sentênce,
   Which îs agàyn youre láwes rèverénce?"   VII 555-564

A 27: If that he faught, and haddẹ the hyer hond,
   By watẹr he sentẹ hem hoom to every lond.
   But of his craft to rekenẹ wel hís tydes,
   His stremes, and his daungẹrs hym bisides,
   His herberwẹ, and his moonẹ, his lodẹmenage,
   Ther nas noòn swich from Hulle to Cartage.   I 399-404

A 28: Lediglich *apayd* ist romanischen Ursprungs.

A 30: Von insgesamt 7 Part. prät. finden sich nur zwei mit dem Präfix *y-*.
   Das Präfix geht auf ae. $\math{3}e$- zurück: *yronne*.

A 31: 1. /ē/, /ō/, /ɔ̄/, vgl. 1.1.2.3 (17); 1.1.2.3 (16).
   2. /Ē̩/, vgl. 1.1.2.3 (16).
   3. /Ē̩/, vgl. 1.1.2.3 (17); 3.7.2.2.1 (96).
   4. /ē/, vgl. 1.1.2.3 (17).

A 32: 1. Verb - Substantiv
   2. Substantive verschiedener Bedeutung
   3. Substantiv - Verb

A 34: Assonanz findet sich am deutlichsten in der ersten Zeile
   des Refrains.

   "Now welcome, somer, with thy sonne softe,
   That hast this wintres wedres overshake,
   And driven away the longe nightes blake!

A 35: A 2: nach der 2. Zeile; A 4: nach der 4. Zeile; A 6: nach der
   3. Zeile.

A 36: Ein Rondel: abb abAB abb ABB. Vgl. Raith (1962: § 212),
   Schipper (1895: § 315).

A 37: 1. 8-zeilige Strophe: ababbcbc[5].
   2. 7-zeilige Strophe: ababbcc[5].

A 38: Allomorph /-s/: sg. *fable, face, felawe, figure, frere*.
   Allomorph /-əs/: sg. *feest, feeld, feend, fyr, flood, fool,*
          forest, form, fox, freend.

A 39: $\left\{ S_1 \right\}$: /-iz/ nach "Zischlauten", /-s/ nach den übrigen stl.
   Ponemen, /-z/ nach den übrigen sth. Phonemen.
   "Auslautserweichung" von /-is/.

A 40: Mit Ausnahme von *wolken* handelt es sich um ehemalige Wurzelnomina
   mit i-Umlaut im Dativ sg. und Nominativ/Akkusativ pl.

A 41: Pluralallomorph /-ən/ in Analogie zu "schwachen" Substantiven
   (vgl. *eyen*); Einschub eines /-r-/ in Analogie zu Wörtern wie altenglisch *broðru*; Dehnung des /i/ im Sg. unterbleibt im Plural
   vor /r/.

A 42: Vgl. Aufgabe 32; Verb - Substantiv.

A 44: Vor dem Genitivallomorph /-əs/ wird auslautendes /f/ > /v/ analog der Pluralbildung, vgl. 3.1.1.1 (2) Fn.1.

A 45: Als Attribut zu einem Substantiv im Plural und generell nach dem bestimmten Artikel (*the blake smoke*) kann mit einem < -e > gerechnet werden. Die metrischen Verhältnisse können die Aufteilung verdunkeln.

A 46: *great* hat heute regelmässige Steigerung nach der Form des Positivs.

A 48: *I am, I have, ich was* belegen, dass diese Verteilung bei Chaucer nicht gilt.

A 49: Die Reimwörter in (29) weisen auf /ɛ/. Vgl. dazu 1.1.2.3 (15).

A 50: Das End-e ist in allen Fällen - auch vor Konsonant - elidiert.

A 52: *Zephirus* und *sonne* in 1) kann auch m. sein.

A 55: Aus dem einfachen Demonstrativum bzw. dem Numerale.

A 59: 1), 5), 8).

A 60: *writen, riden, abyden, rysen, chesen, stonden, dreden.*

A 61: 1), 2), 5), 7).

A 64: Der ne. Unterschied zwischen *hear - heard* beruht auf unterschiedlicher Entwicklung vor /r/ bzw. /r/ + Konsonant im Fne. (vgl. 1.1.2.3 (15) und Fn.9). Eine mögliche Erklärung für ne. *said* gibt 1.1.2.3 (16).

A 65: Kürzung des Stammvokals vor Doppelkonsonanz im ausgehenden Altenglisch.

A 67: Vgl. dazu 1.1.2.3 (14) und (15).

A 69: Bei den Beispielen mit *writen* ist zu beachten, dass das Präsens auch verwendet werden kann, wenn die Tätigkeit in der Vergangenheit geschah (vgl. ne. *Shakespeare writes, says...*).

A 73: *crowen, sowen.*

A 74: *sowen*, ne. *to sow; sowen*, ne. *to sew.*

A 75: Ursprünglich waren dies Präteritalformen.

Adams, P.G. 1972. Chaucer's Assonance. JEGP 71. 527-539.
Arnold, R., K. Hansen. [4]1968. Phonetik der englischen Sprache.
    Leipzig, VEB Verlag Enzyklopädie.
Bähr, D. 1975. Einführung ins Mittelenglische. (UTB 361.)
    München, Fink.
Bateson, F.W. 1975. Could Chaucer Spell? Essays in Criticism
    25. 2-24.
Baum, P.F. 1961. Chaucer's Verse. Durham/N.C., Duke University Press.
Berndt, R. 1960. Einführung in das Studium des Mittelenglischen unter
    Zugrundelegung des Prologs der "Canterbury Tales".
    Halle (Saale), Max Niemeyer.
Beschorner, F. 1920. Verbale Reime bei Chaucer. (Studien zur
    englischen Philologie 60). Halle (Saale), Max Niemeyer.
Bihl, J. 1916. Die Wirkung des Rhythmus in der Sprache von
    CHAUCER und GOWER. (Anglistische Forschungen 50.)
    Heidelberg, Carl Winter.
ten Brink, B. [3]1920. Chaucers Sprache und Verskunst. Leipzig, Tauchnitz.
Brunner, K. 1938; [6]1967. Abriss der mittelenglischen Grammatik.
    Tübingen, Max Niemeyer.
  - [2]1960. Die englische Sprache, 2 Bde. Tübingen, Max Niemeyer.
Burnley, J.D. 1982. Inflexion in Chaucer's Adjectives.
    Neuphilologische Mitteilungen 83. 169-77.
  - 1983. A Guide to Chaucer's Language. Basingstoke, Macmillan.
Chomsky, N., M. Halle. 1968. The Sound Pattern of English.
    New York, Harper & Row.
Clark, J.W. [2]1970. Early English. A Study of Old and Middle English.
    (The Language Library). London, Deutsch.
Cohen, A. 1952. The Phonemes of English. A Phonemic Study of the Vowels
    and Consonants of Standard English. Den Haag, M. Uleman.
Conner, J. 1974. English Prosody from Chaucer to Wyatt. (Janua
    Linguarum, Series Practica 193). The Hague, Mouton.
Cowling, G.H. 1926. A Note on Chaucer's Stanza. The Review of English
    Studies 2. 311-17.
Crosby, R. 1938. Chaucer and the Custom of Oral Delivery. Speculum 13.
    413-32.
Danielsson, B. 1948. Studies on the Accentuation of Polysyllabic Latin,
    Greek, and Romance Loan-Words in English. (Stockholm Studies in
    English 3.) Stockholm, Almqvist & Wiksell.
Dobson, E.J. 1957. English Pronunciation 1500-1700, 2 Bde.
    Oxford, Clarendon Press. [2]1968.
Donaldson, E.T. 1948. Chaucer's final -e. PMLA 63. 1101-24.
  - 1949. Chaucer's final -e. PMLA 64. 609.
Dürmüller, U., H. Utz. 1974. Mittelenglisch, Eine Einführung.
    (Anglistische Arbeitshefte 6.) Tübingen, Max Niemeyer.

Eitle, H. 1914. Die Satzverknüpfung bei Chaucer. (Anglistische
   Forschungen 44.) Heidelberg, Carl Winter.
Ekwall, E. [4]1965. Historische Neuenglische Laut- und Formenlehre.
   (Göschen 735). Berlin, Walter de Gruyter.
Elliott, R.W.V. 1974. Chaucer's English. London, Andre Deutsch.
Erdmann, P. 1971. Tiefenphonologische Lautgeschichte der englischen
   Vokale. Frankfurt/M., Athenäum.
Erzgräber, W. (Hg.). 1983. Geoffrey Chaucer. (Wege der Forschung 253.)
   Darmstadt, Wissenschaftliche Buchgesellschaft.
Everett, D. 1947. Chaucer's 'Good Ear'. The Review of English
   Studies 23. 201-8.
Fettig, A. 1934. Die Gradadverbien im Mittelenglischen. Heidelberg,
   Carl Winter.
Finnie, B. 1974. On Chaucer's Stressed Vowel Phonemes. The Chaucer
   Review 9. 337-41.
Fisiak, J. 1965. Morphemic Structure of Chaucer's English.
   University of Alabama Press.
 - 1968. A Short Grammar of Middle English, Part I: Graphemics,
   Phonemics and Morphemics. London, Oxford University Press.
Fries, U. 1968. Demonstrativum und bestimmter Artikel. Neuphilo-
   logische Mitteilungen 69. 209-22.
Gimson, A.C. [3]1980. An Introduction to the Pronunciation of English.
   London, Edward Arnold.
Görlach, M. 1978. Chaucer's English: What Remains to be Done.
   Arbeiten aus Anglistik und Amerikanistik 4. 61-79.
Gross, E. 1921. Bildung des Adverbs bei Chaucer. Weimar, Uschmann.
Halle, M., S.J. Keyser. 1971. English Stess. Its Form, Its Growth,
   and Its Role in Verse. New York, Harper & Row.
Hockett, Ch.F. 1958. A Course in Modern Linguistics. New York,
   Macmillan.
Homann, E.R. 1954. Chaucer's use of Gan. JEGP 53. 389-98.
Horn, W., M. Lehnert. 1954. Laut und Leben, 2 Bde. Berlin,
   Deutscher Verlag der Wissenschaften.
Jespersen, O. 1909-49; 1965. A Modern English Grammar on Historical
   Principles, 7 Bde. London, George Allen & Unwin; Kopenhagen,
   Munksgaard.
Jones, Ch. 1972. An Introduction to Middle English. New York, Holt,
   Rinehart and Winston.
 - D. [9]1975. An Outline of English Phonetics. Cambridge,
   Cambridge University Press.
Kaluza, M. 1893. Chaucer und der Rosenroman. Berlin.
 - 1919. Chaucer-Handbuch für Studierende. Leipzig.
Kastovsky, D. 1971. Studies in Morphology, Aspects of English and
   German Verb Inflection. (Tübinger Beiträge zur Linguistik 18.)
   Tübingen, Gunter Narr.
 - 1980. Zero in morphology: a means of making up for phonological
   losses? In: Historical Morphology, hg. von J. Fisiak. (Trends
   in Linguistics, Studies and Monographs 17.) The Hague, Mouton.

Kerkhof, J. [2]1982. Studies in the Language of Geoffrey Chaucer.
   (Leidse Germanistische en Anglistische reeks, deel 5.) Leiden,
   E.J. Brill, Leiden University Press.)
Kivimaa, K. 1966. þe and þat as Clause Connectives in Early Middle
   English with Especial Consideration of the Emergence of the
   Pleonastic þat. (Commentationes Humanarum Litterarum, Societas
   Scientiarum Fennica 39,1.)

110

Kökeritz, H. 1945. The reduction of initial *kn* and *gn* in English.
Lg 21. 77-86.
- 1954. Rhetorical word-play in Chaucer. PMLA 69. 937-952.
- 1961. A Guide to Chaucer's Pronunciation. Göteborg, Almqvist & Wiksell.
[4]1970.
Koziol, H. 1976. Elemente Englischer Sprachkunst. Wien, Braumüller.
Kurath, H. 1956. The Loss of Long Consonants and the Rise of Voiced
Fricatives in Middle English. Lg 32. 435-45.
Kurytowicz, J. 1965. A Remark on the Great Vowel Shift.
Word 21. 183-7.
Langhans, V. 1921. Der Reimvokal *E* bei Chaucer. Anglia 45. 221-282,
297-392.
Lass, R. 1976. English Phonology and Phonological Theory: Synchronic
and Diachronic Studies. Cambridge, Cambridge University Press.
Learned, H.D. 1922. The Accentuation of Old French Loanwords in
English. PMLA 37. 707-21.
Lipka, L. 1969. Assimilation and Dissimilation as Regulating Factors
in English Morphology. Zeitschrift für Anglistik und Amerikanistik 17.
159-73.
Luick, K. 1914-40; 1964. Historische Grammatik der Englischen Sprache,
3 Bde. Stuttgart, Tauchnitz.
McJimsey, R.B. 1942. Chaucer's Irregular -e: A Demonstration among
Monosyllabic Nouns of Exceptions to Grammatical and Metrical
Harmony. New York, Crown Press.
Martinet, A. 1955. Economie des Changements Phonétiques. Traité de
phonologie diachronique. Bern, Francke.
Masui, M. 1964. The Structure of Chaucer's Rime Words. An Exploration
into the Poetic Language of Chaucer. Tokio, Kenkyusha.
Mitchell, B. [2]1971. A Guide to Old English. Oxford.
Moessner, L., U. Schäfer. 1974. Proseminar Mittelenglisch. Lehrbuch
mit Texten, Grammatik und Uebungen. Darmstadt, Thesen Verlag.
Mossé, F. 1952. A Handbook of Middle English. Baltimore, Johns Hopkins.
Mustanoja, T.F. 1960. A Middle English Syntax, Part I. (Mémoires de
la Société Néophilologique de Helsinki 23.) Helsinki, Société
Neophilologique.
- 1968. Chaucer's Prosody. In: Companion to Chaucer Studies, hg. von
B. Rowland, 58-84. London, Oxford University Press.
- 1974. Verbal Rhyming in Chaucer. In: Chaucer and Middle English
Studies, hg. von B. Rowland, 104-10. London, Oxford University Press.
Perkins, J. 1977. A Sociolinguistic Glance at the Great Vowel Shift
of English. Working Papers in Linguistics 22. 125-51.
Peters, R.A. 1968. A Linguistic History of English. Boston, Houghton
Mifflin.
Pinsker, H.E. [3]1969. Historische Englische Grammatik. München,
Max Hueber.
Pinsker, H. 1976. Altenglisches Studienbuch, unter Mitarbeit von
U. Fries, P. Bierbaumer. (Studienreihe Englisch 10.) Düsseldorf, Bagel.
Plotkin, V.Y. 1972. The Dynamics of the English Phonological System.
The Hague, Mouton.
Potter, S. 1972. Chaucer's Untransposable Binomials. Neuphilologische
Mitteilungen 73. 309-14.
Prins, A.A. 1971. The Great Vowel Shift: A Refutation. Neophilologus 55
317-27.
- 1972. A History of English Phonemes. Leiden, Leiden University Press.
Quirk, R., C.L. Wrenn. 1955; 1969. An Old English Grammar. London,
Methuen.
Raith, J. 1962. Englische Metrik. München, Max Hueber.

Rennhardt, S. 1962. Das Demonstrativum im Mittelenglischen 1200-1500. Diss. Zürich.

Reszkiewicz, A. 1961. Besprechung von R. Berndt, Einführung in das Studium des Mittelenglischen. Kwartalnik Neofilologiczny 8. 335-340.

Robinson, F.N. (Hg.). 1957. The Complete Works of Geoffrey Chaucer. London, Oxford University Press. [2]1970.

Robinson, I. 1971. Chaucer's Prosody. A Study of Middle English Verse Tradition. Cambridge.

Samuels, M.L. 1972. Linguistic Evolution with Special Reference to English. Cambridge, Cambridge University Press.

Schipper, J. 1895. Grundriss der englischen Metrik. (Wiener Beiträge zur englischen Philologie 2.) Wien und Leipzig.

Schlauch, M. 1952. Chaucer's Colloquial English: Its Structural Traits. PMLA 67. 1103-16.

- 1959; [6]1973. The English Language in Modern Times (since 1400). London, Oxford University Press.

Skeat, W.W. 1894. The Complete Works of Geoffrey Chaucer. Bd.4. Oxford.

Smith, E. 1923. The Principles of English Metre. London, Oxford University Press.

Southworth, J.G. 1947. Chaucer's Final - E in Rhyme. PMLA 62. 910-935.

- 1949. Chaucer's Final - E (continued). PMLA 64. 601-9, 609-10.

- 1954. Verses of Cadence. An Introduction to the Prosody of Chaucer and his Followers. Oxford, Blackwell.

- 1962. The Prosody of Chaucer and his Followers. Supplementary Chapters to Verses of Cadence. Oxford, Blackwell.

Standop, E. 1972. Die Metrik auf Abwegen. Eine Kritik der Halle-Keyser-Theorie. Linguistische Berichte 19. 1-19.

Stockwell, R.P. 1959. Notes toward a Summary of the History of English Sound Change. (Unpublished materials for classroom discussion).

- 1973. Problems in the Interpretation of the Great Vowel Shift. In: Studies in Linguistics in Honor of G.L. Trager, hg. von M.E. Smith. The Hague, Mouton.

Storms, G. 1960. A Note on Chaucer's Pronunciation of French 'u'. English Studies 41. 305-308.

Tatlock, J.S.P., A.G. Kennedy. 1927. A Concordance to the Complete Works of Geoffrey Chaucer and to the Romaunt of the Rose. Washington, Carnegie Institution.

Trnka, B. 1959. A Phonemic Aspect of the Great Vowel Shift. In Mélanges de Linguistique et de Philologie, Fernand Mossé in Memoriam, 440-3.

Vachek, J. 1964. On Peripheral Phonemes of Modern English. Brno Studies in English 4, 7-109.

- 1965. The English Great Vowel Shift Again. Prague Studies in English 11, 3-13.

Weinstock, H. 1968. Mittelenglisches Elementarbuch. Einführung, Grammatik, Texte mit Uebersetzung und Wörterbuch. (Sammlung Göschen 1226, 1226a, 1226b). Berlin, Walter de Gruyter.

Wild, F. 1915. Die sprachlichen Eigentümlichkeiten der wichtigeren Chaucer-Handschriften und die Sprache Chaucers. Wien und Leipzig, Wilhelm Braunmüller.

Wełna, J. 1978. A Diachronic Grammar of English, Part One, Phonology. Warszawa, PWN.

Winkler, G. 1933. Das Relativum bei Caxton und seine Entwicklung von Chaucer bis Spenser. Saalfeld, Gothers.

Wolfe, P.M. 1972. Linguistic Change and the Great Vowel Shift in English. Berkeley, University of California Press.

Anglistische Arbeitshefte

Einführung in die Sp
Cha

9783484401075

Niemeyer